二〇〇九年四月二二日、二三日　東京・山の上ホテルにて。

アルボムッレ・スマナサーラ

幻想を超えて

目次

夢枕 獏

第一部　仏教とエロス　11

第一章　創造の空間　12

小説家と僧侶の出会い／集中力の秘密／イメージを構築するまで／イメージが生まれる瞬間／心の能力を育てる／思考という膜／〝いい加減〟がいい／男と女の間には／思考と感情の切り分け／思考はいらない／仕事の時間／泣きながら書く！／創造はぎりぎりの綱渡り

第二章　性欲と宗教　26

欲望肯定の理趣経／分相応を守る／宗教は性行為を恨む／うしろめたさの原因／性行為は自然の営みである

第三章　仏教の原風景　32

ヒマラヤの仏教／チベット仏教の世界／原初の宗教／仏教徒の祈り／エゴのない祈り

第四章　世界宗教　39

仏教のスタンス／神のプログラム／神と自由意思／目の中の炎／ブッダの教えの普遍性／仏教は宗教ではない／民族宗教と世界宗教／仏教徒になる人、ならない人／「私は仏教徒」

第二部　天才ブッダ　53

第一章　ブッダ誕生の背景　54
謎を秘めた仏教の「道」の発見／お釈迦様の出自／「輪廻転生」思想の出現／輪廻をめぐるバラモン対六師外道／業論の発見／輪廻という現象の直視／神通力の真実／「ジャータカ物語」のブッダ／予告されていたブッダ誕生

第二章　ブッダと国家　66
カーストの否定／先進的な民主主義者／裁くことなく、いじめることなく、差別することなく／いかなる政治システムも崩れる／不衰退の七つの方法

第三部　無常と空　75

第一章　自爆する般若心経　76
般若心経への二つのスタンス／巨大なる「空」／般若心経は破綻している／「空」とは／りんごは果物。果物はりんご？／「空」とは体験／作者よ、あなたは何者か

第二章　読むべき仏教書　84
ブッダの言葉／龍樹に欠けたもの

第三章　あえて「無常」を説く　87
諸行無常をわかっているか？／無常は知識ではない／悲しみの生まれない境地

第四章　親子の別れ　91
親孝行はいまこの瞬間／母の危篤／母の死に際して／出家して残念だったこと／短い時間を仲良く生きる

第四部　生命の葛藤　101

第一章　慈しみと探究心の相克　102
「なぜ、釣りをするのか？」／わくわくの原風景／体験は心の中で／宇宙との一体感／メダカの心／生命は恐怖を感じる／生命はみな同じ

第二章　対等な生命　109
魚と口喧嘩／生命との情交／犬の心、猫の心／悲しむ心は依存している
第三章　異次元の生命　114
目に見えない存在—生命の次元—／異次元の存在を話すとき

第五部　心・生命・物質　119
第一章　心のからくり　120
『サイコダイバー』をめぐって／ラベルを貼る、ラベルを見る／人間は「無常」／「関係」はラベルの貼り合い／すべては幻想の世界／行為の時間、行為の回数／人間は条件で変わる／心は隠れない／心はつながっている
第二章　命とはなにか　132
地球は生きているか／機能をまとめて「命」／心が物質を支配する／物質の法則、心の法則／すべては「因縁」／生命の心と宇宙の変化／仏教は心優先

第三章　煩悩のからくり　139
煩悩とは認識のバグ／地球がたとえ無限でも……／人間が問題／人、一人のぶん

第四章　業に任せる　145
「業」というエネルギー／業（カルマ）の仕組み／なるべき人／業にかなえば

第六部　悟りへの挑戦　151

第一章　『涅槃の王』で悟りを描く　152
人間の「闇」を描く／思いの数だけ人がいる／「悟り」を描く／悟りとは？／ヘッセ『シッダールタ』に足りないもの／マーラの誘惑／悟りのプロセス／経典にあるマーラの原型

第二章　悟りのメタファー　160
自由があって、自分が消える／悟りを表現する言葉／ブッダの語ったこと／ふたたび生まれないもの

第三章　だれでも悟れる？　165
三番目のステージ／タイにいる在家指導者／プログラムは共通／独覚ブッダとは

第七部　「私」をめぐる謎　169

第一章　我思う。ゆえに……　170
主観を乗り越える／仏教とデカルトは噛み合わない／瞑想で心が変わる／ない、ない、ない

第二章　「私」とは　176
「私」が先か、行動が先か／「私」の役割／「私」と「私」／「私」ってなに？

第三章　脳と悟り　180
脳の機能と梵我一如／知識では説明できない／大切なのは心の変化／悟りと脳の開発／智慧か、快楽か／ありままに見る

第八部　ブッダの姿　187

第一章　ブッダのインド　188

仏教はインドに合わない／仏教は無視できない／仏舎利のパワー／ブッダガヤの太陽／平和な場所

第二章　ブッダの出家　194

夢枕的ブッダの世界／「生き方」探しとブッダ／山へ／山に出会い、仏教を考え／出家の理由／悲運の子の出家／虐待された子の出家／阿羅漢果に達する子／出家に値する理由／ブッダが出家した理由／育ての母を見送るブッダ／贅沢三昧のなかで／シッダールタ王子の責任

第三章　最善の道を行く　209

善の道を模索したブッダ／自分の道を探す／人間はなにかを探すもの／出家とは自由になること／なにものにも執着しない／アイデンティティを捨てる／捨てるものが、なにもなくなる／自由に達する道

あとがき　夢枕獏　218
アルボムッレ・スマナサーラ　220

編集協力　川松佳緒里
撮影　相田晴美

第一部

仏教とエロス

第一章　創造の空間

小説家と僧侶の出会い

夢枕　私はブッダを主人公とした『涅槃の王』や、仏教に関係のある小説をいくつか書いています。ですが、仏教をずっと勉強してきてそれを小説に書いたのではないんですね。もともと仏教は好きで、いろいろな本や経典などは読んでいたのですが、それだけではいきなり小説が書けるわけでもなくて、小説を書くうえで必要なところを、ぽつりぽつりと何年もかけて、半分は楽しみで勉強してきたという感じですね。興味のあったところしかやってない。具体的には「般若心経」と、密教、空海の周辺ですね。つまり私の持っている仏教の知識の主だったところは、かなりばらばらなんですよ。しかも、私が少しなりとも知っている仏教の知識というのは、ぜんぶ日本語の知識です。日本語の仏教というのは、中国を経て入ってきていますから、いったん中国の色に染まった仏教の、さらにまた日本の歴史のなかで色が染まっているものを勉強してきたということになりますよね。勉強というほどのものではないんですが。

なので、私程度の仏教の知識では、専門の方とお話しをしたり、質問をしたりするのは、分不相応ではないかと思っているのですが。

スマナサーラ　そんなご心配はいりません。大丈夫です。われわれの仏教は、質問されるのはたいへんありがたいことですし、「どの程度、学んでいなければだめだ」なんてことも言いません。好きなものや、知りたいことや、腹が立って仕方ないことや、あるいは仏教の気に入らないところとかね、どんな質問でも聞かれたらそれなりに丁寧に答えるというのが私たちの立場なのです。

私としても、ふだん作家の先生とお会いしたり、お話ししたりする機会は多くはありませんから、楽しみにしてきました。ふだん私が読むのはもっぱら英語の本ばかりですけれど、ＳＦなんかは好きでね、わざわざ買って読んだりします。だから、きょうは楽しくいろいろなお話を交わしたいです。

先生は、小説を書きはじめてどれくらいになるんですか？

夢枕　正式にデビューしたのは二六歳なので、もう三〇年以上になりますが、六歳ぐらいのときにはもう、字を覚えるより先にストーリーをつくって家で話をしてましたね。その後はストーリーを書くようになって毎日、書いてます。でも、その過程では、ほかになりたい職業もあったんです。あったんですけど、自然と小説家になりました。これしかなかったという感じですね。

集中力の秘密

スマナサーラ　毎日、毎日、書いてきた。それくらい好きだったということですね。

夢枕　もちろん書きたくて書いているので「好き」にはちがいないんでしょうけど、若いころ必死でやっていたことは、いま思えば現在のための「訓練」という感じです。

むかしは、書いていて、「である」の「る」で終わるか、「であった」の「た」で終わるのかがわからなくて、それだけのことで三〇分ぐらい考えました。でも、そういうことを毎日やっていると訓練になって、書いていていまでは瞬間的に判断できるようになるんですね。「こういうふうにきたらこういく」みたいなことを、自分ではよくわからないんですけど、たぶん日常的に頭の中でずーっとやってきたんですね。だからいまの創作活動の半分近くは、「毎日書く」ということが結果的にもたらした訓練の成果ですね。

スマナサーラ　実際には、どういう感じで執筆されるのでしょうか？　じーっと机に向かって登場人物たちを動かす舞台監督のように？

夢枕　私は、ぜんぶイメージをつくってから、わっと書くという感じですね。たとえば二人のやりとりの場面を書くときだったら、二人の表情とか、二人が歩いていれば光がどっちからきて、肩のどのへんに光が当たっているかとか、細かいところまでイメージするんです。〝肩に光が当たっている。その光は緑色の投下光だ。なぜ緑かというとその上に木が生えているから……〟というふうに具体的にイメージします。そういうイメージをしっかり浮かべてから書けば、あとはどこの描写になってもだいたい頭の中にあるのでスラスラっといけます。

職業病ですよね、一種の。そういうことをやりすぎて自然にできるようになっちゃったという……。

スマナサーラ　集中力ですね。なにかに集中して、苦労しながらでもやり続けると、自然に能力は身につきますね。心というのは、つねに学んでいるのですね。学ぶほどに、心に能力がついてくるんですね。

先生のようにプロフェッショナルとして小説を書くことに集中するとか、スポーツ選手が技術を向上させようと集中するとか、そういうものに集中して能力を上げるのは、周りの多くの人を喜ばせますし良いことだと思いますよ。

ところが、ゲームやパチンコに集中しても、能力は向上してしまうんですね。心は勝手に学んでいくんですね。だから集中するものに気をつけなくちゃいけないのです。心の能力が向上することだけは避けられませんから。気をつけて、良いことにくぎ付けにならないと危ないんですね。

イメージを構築するまで

スマナサーラ　先生は、毎日、集中してじっと机に向かうんですか?

夢枕　私は最初にイメージをつくるときには、目を閉じて仰向けに寝っ転がっていることが多いですね。アイディアをまとめるまでのその時間がいちばんたいへんだし、実際に時間もかかります。

たとえば、昨日なんかは、いま書いている小説のいちばんたいへんなところにひっかかっていたんですけど、自分のいままでの経験値で「あ、きょうはだいたいアイディアがまとまるまで五時間だな」と、はじめるときにもう、ある程度はわかるんですよ。

昨日は思っていた以上に時間がかかっちゃったんですけど、まずは横になって「どうしよう、どうしよう」と、何度も何度も繰り返して、目を閉じてひたすら考えます。とても仕事をしているようには見えない（笑）。

昨日の場面はメチャクチャややこしいところで、具体的にいうと、〝タイムマシーンが過去へ行って過去を改変すると、改変された未来から来た人がまた、過去を改変する〟、そんなところなんです。どんどんちがう未来ができあがっていくなかで、私がねらっている道筋に話をもっていかなくちゃいけない。

そのときに主人公と相方がどういう会話をするべきかということを五時間、必死で考えるんですよ。どうしよう、どうしよう、どうしようって。

スマナサーラ　ほかのことをシャットアウトして、じーっと集中するんですね。

夢枕　ええ。それが終わると、ばーっと、自然に書けるんです。

この前は『東天の獅子』という格闘技の話を書いていたんですけど、それは歴史的事実としてある試合のことを書いたので、「Aさんが勝ってBさんが負ける」という結果が、はじめからわかっているんです。で、書くんですけど、書いていると、格闘中に「まだ、まだ」と、片方が立ち上がってくるんです。柔道の試合でいうと「投げられても、投げられても」という感じで。そういうときは、相手が「もうこれでいい、俺の負けだ」というところまでひたすら書いていくしかないんですね。しかも、私は何万回も闘う描写を書いていると思うんですけど、いままでとちがう手口で書きたいわけですよ。で、また延々とアイディアを考えるんです。

イメージが生まれる瞬間

夢枕　そのときはですね、「音楽が始まった」っていう一行目が出るまでがたいへんだったんですよ。ずーっと考えていったら「音楽が始まった」という一行が出た。闘いを音楽の描写でスタートしたんですね。それが出たことによって、「我々は弦の震えである」という次のフレーズが出てくるわけです。

そうなれば、音楽が試合をしているような描写でずーっと攻めていける。それで二人のメロディーがもつれ合いながら空まで昇っていって、〝ヴァイオリンの高音が光の中できらめいている〟という描写まで、辿りつくんです。そうすると、次にはだんだん温度が伝わってきて。温度って、これ肉体の温度ですね。二人が、ようやく自分たちの肉の存在に気がつく。そうして、急に天空から二人の意識が落ちていくんですよ。

「落ちたところが肉体だった」というところから次の描写に入っていって、それで二人が何度も何度も戦って、最後にね、おでことおでこで二人で向かい合うんですよ。それでもう、両方ともがわかっているんです。「自分が倒れないのは相手がいるから、相手に寄りかかっているから自分は倒れないんだ」とね。向こうも同じ。だから向こうが「もう、俺を投げてくれ。そうすれば試合が終わるんだ」と言うと、「投げられません」と相手が言うんです。

最後は決着をつけるんですけど、でも最初に、イメージをつくるまでに数時間かかるんですよ。数時間かけて二人のことをずっと考えて、今度はどんな手口でやろうかなと思ったときに、「音楽が始まった」という一行が出てくると、あとは凄まじく早いです。申し訳ないくらい。

そこへ行くまでがたいへんなんです。その考える時間は、電話もかかってこない、なんにもない状態がある程度、確保されていてほしいですね。そういう環境の中で私の持っている経験値とか、いろんなものでおそらく作品ができあがっていくんだと思います。

今回でいえば、いままでにない、「音楽でいこう」というアイディアの最初の一行が出るまでが勝負ですね。

心の能力を育てる

スマナサーラ 「小説のこの場面をどうしよう」と五時間くらいずーっと考えると、心の中にはなにひとつ入らない状態になります。電話が鳴っちゃうのも我慢できない。先生は、それほど外からの情報を遮断して集中するんですね。だから、ふっとアイディアが出るんですよ。

心の能力っていうのはエネルギーですから、限りなく育てられます。育てられますけど、もともと心は汚れがいっぱいだから、なかなか育たないし大きくならないのですね。しかし、なにかに集中すると、ほかのことがぜんぶシャットアウトされます。遮断されて、心に入り込む汚れが少なくなりますね。そうすると、心の能力が上がってアイディアもひらめいて一気に書ける。

夢枕　あとは経験値ですね。アイディアが出ても、どう文章にしたらいいのか、手法に引っ掛かっているうちに手に入れたものが消えちゃう場合もあります。アイディアが出たらとにかく早く書いたほうがいいときが多いです。アイディアが出るまではひたすら考えるけれど、出たらもう「どうしよう、どうしよう」と考えないで、無意識のうちに経験値を使って一気に筆を進めるという感じですね。

思考という膜

スマナサーラ　先生の創作は外部を遮断して集中して能力を向上させてますけど、私たち仏教の世界では、能力向上のためには「思考をいっさい止める」という作業をやってます。思考を止めれば止めるほど、能力は上がるんです。ものは見えてくるんです。判断能力がとても早くなるんですね。

思考というのは「膜」なんです。ガラスに線が入っていたり花模様が入っていたりダイヤ形に彫ってあったりすることがあるでしょう？　そういうふうな膜なんですね。膜を通してものごとを見ると、よく見えないでしょう？　そこで、ガラスを外してもらうんです。そうすると別に苦労しなくても……

夢枕　クリアに見えるようになる。

スマナサーラ　そう。思考はすごく色のついている、いろんなものを湾曲している膜で、真理をかくします。だから「みんなに能力がない」ということになっているんです。

しかし、思考の膜を直すのは難しいんですよ。人間っていうのは「思考が自我だ」と思っているんですね。思考が「自分」だと思っている。ですから、人というのは殴られてもそれほど恨みをもたないけれど、考え方をけなされちゃうと、もう一生恨むんです。

夢枕　たしかに、そういう傾向はありますね。自分の思考したものは、肉体よりも自分に近いものだとわれわれは思ってしまいますから。

〝いい加減〟がいい

スマナサーラ　社会生活でも若い人がストレスのあまりにうつになったりすることが多いですね。それも、一生懸命やったものをけなされたことがきっかけだったりします。

新米のうちは、企画書を書かされたりなんだり、いろいろやるけど、だいたいボツになるのは決まっています。本人たちは至極真剣に、真面目に考えて「うまいこと作った！」と思って出しますけど、その道の先輩は、もう見ただけで「だめ」とわかる。「あ、これはだめだね」と、瞬時に却下する。

新人は、「真面目にあれこれデータを調べて徹夜して作った書類なのに、見てもくれない」と思って恨むんですね。もう、これだけですごいストレスがかかっちゃうんですよ。自分の態度とか思考そのものが否定されたと解釈するんですね。

夢枕　そういえば、小説でも意外と肩の力をぬいて〝いい加減〟に書いたものが評判がよかったり、通っちゃったりしますね。逆に一生懸命、書いたのにだめだったり。

スマナサーラ　そういうこともありますね。いい〝いい加減〟に書くとだいたい通っちゃいますよ。余計なこと考えてないいんだから。

しょげている若者に私は「あなた、何回却下されたの？」と聞くのですね。「たった三回？　なんだそれ、ほんとにあなたを大事に育てようとしているんだったら二〇回でもだめだと言われますよ。それがたった三回でしょう？」なんて言うと、なんとなくわかるんですね。「先輩は別に自分を否定しようとしているわけじゃないんだ」とね。

男と女の間には

スマナサーラ　人は、身体に傷をつけられてもそれほど大きな問題だとは思わないんですよ。そういえば女性の場合は、喧嘩する場合は手を出さないでしょう。そのかわり、なにか一言、言うんですね。あれで永久的に恨みを買っちゃうんです。

夢枕　怖いですよね、女性の一言は。

スマナサーラ　そうそう。気をつけないとね。

夢枕　いちばん傷つけるところを知っていて攻めてくる（笑）。

スマナサーラ　「自分」「自我」というのは、思考の妄想で出てくる恐ろしい膜なんですね。男と女が喧嘩する場合は、男の立場からすると「なんでわからないんだ?!　こんなに明確なことなのに」となるでしょう？

夢枕　そうです、そうです、ほんとにそうですね。「なんでわかんないんだ」。

スマナサーラ　私の場合は「あんたバカか！」とすぐ言っちゃうんです。

夢枕　私は奥さんには言わないようにしていますよ。「なんでわかってくれないのか?」とは言いますけど。「バカ」は、言ったらもうたいへんですから（笑）。

スマナサーラ　私は平気で言いますけどね。

思考と感情の切り分け

スマナサーラ　それはともかく、男でも女でも「自分」「自我」という膜を通して会話していますから、折り合いませんよ。そのうえ、思考と感情でひとつに編みこんじゃうともうお手上げ。思考は思考で、感情は感情でというふうに、別々にしておくならいいんです。男でも女でも話は通じやすい。

たとえば自分が好きでなにかを提案する。その場合、「好きでたまらない提案」を取り下げるのは難しいんです。そうではなくて「まあ、どうでもいいんだけど、この提案でいったらいいんじゃない?」というふうにする。それなら「これでは問題が起きますね」なんて言われても、平気で聞けるんです。

夢枕　そうなんですよ。自分がよかれと思ってやったことについてなにか言われると、一生懸命に反論したりして、客観性がなくなって結局だめですよね。

スマナサーラ　だからわれわれの瞑想では「思考を完全にストップしなさい」と教えます。禅寺でも同じことを言ってますけどね。「無念無想」とかいう言葉もあります。あれは智慧のドア、扉なんです。

思考はいらない

夢枕　私は、書くときには思考があったりなかったりですね。そのときによってです。基本的には書いているんで思考はあるんですけど。ただ、自分だけで結論を出して、自分だけでやるので、いろんな自分がキャッチボールをしているような感じでしょうかね。

たとえば、主人公を動かして書いていると、「ちょっとそれは、人間の動き方として無理があるんじゃないの？」みたいなことを批判するやつがいて、すると、もうひとりの自分が「ああ、そうだな。じゃ、こういうふうにしようかな」っていうのを、ずーっとやってる感じですよね。

スマナサーラ　まあでも、やろうとすればすぐ書けるでしょ？　結局は。

夢枕　ええ、結局、早いですね。ペンを執ったら。それはね、もう見せたいくらいです。

スマナサーラ　ですからそれは能力が上がっていて、「思考はいらない」という段階なんです。瞬時で判断して書けるということですね。思考しようと思ったら五時間でもかけられるけど、そんな時間はないとなったらさっと書ける。

仕事の時間

スマナサーラ　プロの世界っていうのは厳しいものですよ。「あ、これは三〇分で書けるぞ」といって三〇分で書いても、思考したぶんも時間は使ってますからね。書く前に五時間じーっと考えていたら、あわせて五時間三〇分。
私も講演なんかでは、事前の資料を紙に作る場合は一〇分程度で終わっちゃいます。しゃべる場合は三時間しゃべってもまだデータが残ってますけどね。まあ書いたのは一〇分だから疲れてないと思うでしょ？　ちがいます。書くために考えていた時間がありますから、一〇分といっても、五〇分考えていたら、そのぶんも合わせた一時間ぶんの仕事の時間なんです。

夢枕　そうですね、だいたい「書いているときはもう終わっている」といったら変ですが、書いているときは、もうすでに一度、気持ちのところでは済んでいるんです。私の場合は、それを書きながら、もう一回、いかに気持ちを最初のときよりもっと上までもっていかれるかだと思うんです。
ただ、ずっとそれではだめ。抜くところがないとだめです。山場だけだと小説はできあがらないんです。それは自分じゃどうやっているかわかんないんですけど、感覚で、「こうきたらこう」という感じで。山場ではないところをいかに飽きさせないで入れるか、っていうことをやっているんですね。でもその感覚は、具体的にどういうふうにしているかは、できるんだけどなぜそれができるかは、まさに説明できないところなんです。

泣きながら書く！

夢枕　あと私は、わりと泣きながら書くときはあるんですよ、気持ちよくて。思考と感情ということでいうとどういうことになるのかな。長編なんかは最後の部分を書いているともう嬉しくてですね。自分で書きながら、書いてるものに気持ちが入っていって涙が出てくるんです。

でもこれ、女性の作家に言うと馬鹿にされるんですよ。「獏ちゃん泣くの?!」みたいに言われて。

スマナサーラ　女性は問題が起きたら泣いて解決しようとしているのにねぇ。

夢枕　そうなんですか。しかし、ほんとに実際、「私は絶対に泣かない!」という女性の作家が多いですよ。「え、泣かないの?」って聞くんですけど。

泣きながら書いているときというのは、達成感みたいなものはあります。「長編のつらい作業は、このためにあったんだ」って思ったりとか。この部分に関しては、私の中だけでわかる事情で泣いているのであって、読者には関係ないところだったりもしますね。

創造はぎりぎりの綱渡り

夢枕　こんなことを言ってると、なんだか私は精神とか意識のところで、そうとう危ない場所を綱渡りしているようなのかな、なんて思っちゃいますね。

スマナサーラ　なにかが「できるようになる」ってことは、その人だけの世界があるということですからね。プロの世界っていうのはそういうもんですよ。自分が自分の世界を築きあげていくんですから。

先生は作家として独自のやり方で自分の能力ぎりぎりのところで勝負して、面白い作品を読者に届ける。野球の選手にしても自分の世界を築きあげて、よい成績を出す。どんな分野でも同じだと思います。

第二章

性欲と宗教

欲望肯定の理趣経

夢枕　ベッドシーンを書くときは、いくつかパターンがあるんですが、そのうちの一つは、自分の趣味がバレないように書くときですね。つい過激な表現になってしまうんですが、自分自身のことでいうと、十代のときなんかはとくに女の子に興味をもったり、いろんな邪《よこしま》なことで頭がいっぱいになる時期がありまして。自分の中のそういういろんな欲望をもてあましていた時期は、本当に困りましたね。

いまはもうこの歳になってますから、欲は「良い」とか「悪い」ってもんじゃなく、もう「人間には欲はあるんだろう」という感じでとらえてます。無理やり肯定すると麻原彰晃みたいになっちゃうし、かといって否定をすると人間の持っている根本的なものまで否定しちゃうような気がする。だから、「欲をどうすればいいか?」と聞かれたら、その答えは「しょうがない、あるんだから」みたいなところで、折り合いをつけていくしかないだろうと思ってます。

ただ、私たちの十代のときは、時代的にも女の子と並んで道を歩くのもはばかられた時代でしたから、困り果てていたんです。そのころ私は、経典みたいなものを読みちらかしていまして、そのときに引っかかったのが「理趣経《りしゅきょう》」でした。たしか空海は、これを最澄の弟子には見せたけど、最澄には見せなかったんですよね。意地悪ですよね。

それはともかく、ちょっと読んだらそこに「それは清らかな菩薩の境地である」というのがあって、ほっとしたことがあったんですよ。

「妙適清浄句是菩薩位」*。ひじょうによく覚えている一節です。自分の中の欲望みたいなものをすごく肯定されたと感じてほっとしました。そこには「十七清浄句」として、人間の欲望がぜんぶ書いてあって驚きましたね。

スマナサーラ　理趣経は話題になるほどの作品じゃないと思いますけどね。

「欲」ということでいえば、人間ならお腹がすくでしょう。ご飯を食べるしね。それは、良いとか悪いということではありませんね。しかし「ご飯を食べる」というところにも道徳があるんです。ただそれだけですよ。

＊　妙適はサンスクリット語でスラタ＝愛欲の意味。

分相応を守る

スマナサーラ　仏教では、「欲に対する道徳を守りましょう」と教えます。食欲についてだったら、「食べるなかれ」ではないのです。食べすぎはよくない、偏食もよくない、人のものまで奪って食べてはよくない、そういうことがいろいろとあるでしょう? そういう、ご飯を食べるうえでやってはいけないことをやらないとか、いろいろな決まり、しきたり、道徳などを守ります。それで、もう十分なんです。

夢枕　それは、お釈迦様が言った「中道」ということになるのではないでしょうか。どちらにも偏らないように、という。私は、ときどき偏りそうになることがあるんですけれども。

スマナサーラ　まあ、人間には偏りになる傾向がかならずありますが、それも知って頑張ってみる。「欲」についても、「性」についても、おさえるべきポイントはそれくらいのことだと思いますけどね。

宗教は性行為を恨む

スマナサーラ　このことについて無宗教の人が書いた本があります。ユダヤ系のイギリス人が書いた「God is not Great」という本です。読みましたけど、もう徹底的に宗教をけなしてるんです。

夢枕　すべての宗教を批判しているんですか?

スマナサーラ　そう、ぜんぶ。イスラム教もけなしてます。ただ、仏教に関しては、仏教の悪口も書いてありますけど、読むと「この人は日本の仏教しか知らないんだな」とわかります。私たちからすると「日本人のせいで仏教まで悪口を言われるんだ」という感じですよ。ほかの宗教についてはすっごく研究して書いてあります。

彼がその本であげていたポイントのひとつに「人間が性行為をすることに、宗教はどうしてそんなにも腹をたてているのですか」「性行為をどうしてそんなに恨んでいるのですか」ということなんです。「人間、だれでも自然の流れでやっていることでしょう。それなのに、あなた方はなにをやっているんですか」と、いろいろな宗教のデータを載せてむちゃくちゃ批判していました。

なにかを読む場合は、私はいくら仏教徒であっても、中立の立場で読みます。それを読みながら私も、「あれ？」と考えた。「どうして宗教はそんなに性欲に恨みをもってるんだろう」とね。だったら、ご飯を食べることにも恨みをもつべきでしょうに。見ることにも恨みをもつべきでしょうに、性欲に対してだけ、こんなに反応するなんておかしいと思いました。

うしろめたさの原因

スマナサーラ　つまり、宗教は性行為で人が喜んでいるのをすごく恨みたいんですね。それはキリスト教の考え方なんですよ。日本にももちろん、世界中に知らないうちにその考え方が入ってきてひろまって、性的な思考に対してみんな、すっごくうしろめたさを感じる世の中になっています。先生も、さっき理趣経にほっとしたとおっしゃったけど、うしろめたさを感じていたからでしょう？

いまのローマ法王、私はいちばん怪しいと感じます。あまりにも性行為に対して言いすぎ。しかも「若者が戒律を破ったら*、四〇万回マリアの呪文を唱えなくちゃいけない、そうでなきゃ罪が消えない」とか、堂々と言ってるんですからね。

夢枕 四〇万回って、たいへんですよね。

スマナサーラ たいへんですよ。あと、アフリカに行ってコンドームを使うことに反対したりもしています。「殺すつもりですか?」と聞きたい。いまでもエイズで苦しんでいるのに。なぜ「コンドームを使いましょう」と言わずに、「性行為をやめるしかないでしょう」とか言うんですかね。

アメリカで神父さんが猥褻《わいせつ》な罪を犯して、多額の賠償金を払うことになったでしょう。そんなふうに自分たちもだらしないくせに、一般人になぜ「性行為禁止」だなんてことを要求するんでしょうか。

性行為を禁止したり罪悪感をもたせたりするなんて屁理屈もいいところです。本来は自然の法則の中で見るべきものなんです。

* 自慰行為を指す。

性行為は自然の営みである

スマナサーラ 仏教では、出家者には性行為を禁止していますが、在家にはぜんぜん禁止していません。でもいろいろ道徳は語ってます。それはご飯を食べることと同じで、水は身体にいいからといって、がぶがぶ飲まないほうがいいのと同じことです。

仏教で言うのは、「性行為は、ただ快楽を求めて行ったとしても、それだけでは終わらないんだよ」という点です。新しい命を誕生させる行為だから、遊んで逃げたらだめだと。新しい生命をつくったら、その生命を育てる義務が生じているんですからね。遊びまわるなよと、注意します。

夢枕 そうですよね。性行為は基本的には自然の営みなので、この歳になったいまは、あって然るべきものとしてとらえてますね。ただ、私、若いころは、もてあましていたんですね、性欲を。そのときに「理趣経」でちょっと助かりました。

第三章

仏教の原風景

ヒマラヤの仏教

夢枕　スマナサーラさんはいま、おいくつですか。

スマナサーラ　六五歳です。(対談時二〇〇九年四月現在)

夢枕　日本に来て何年くらいになるんですか。

スマナサーラ　二九年くらいになります。

夢枕　日本語がとてもお上手ですね。

スマナサーラ　まだまだ訛《なま》りがひどいんですね。主語はちがっちゃうし、「は」というところなのに「に」を使っちゃうし、めちゃくちゃですけどね。まあ、勉強する気持ちがないんだからしょうがない。

夢枕　いやいや、ふつうにお話ができるので、ひじょうに不思議な気がします。

私は、ほとんど日本の仏教しか知らないので、仏教誕生の地であるインドやスマナサーラさんの故郷であるスリランカの仏教は、日本の仏教とどのようにちがうのかなあと興味があります。

私はきょう、「ミリンダ王の問い*」になぞらえて、私がミリンダ王で、長老にナーガセーナ尊者の役をやっていただいて、ひとつ、胸をかりる気持ちでいろいろ仏教について質問させてもらおうと思ってきました。

スマナサーラさんの修行をされた仏教というものは、どういうものなんですか？

スマナサーラ　別にめずらしくないですよ。お釈迦様に言われたことは一生懸命、守るだけのことです。

夢枕　私は山が好きで、ヒマラヤへ何度か登りに行っているんですよ。ヒマラヤが好きになったのは、基本的には「西遊記」が好きだったからなんです。「西遊記」は物語としてすごく大好きでして。玄奘《げんじょう》三蔵《さんぞう》がインドまで経典を取りに行くっていう、その設定が私はたまらなく好きなんですね。

インドまで行くあいだに孫悟空たちがいろんな妖怪と戦って帰ってくるわけですけど、私が好きなのは、こちら側から山を越えた向こうへ行って、なにかを手に入れてもどってくるというところなんです。「山に登る」っていうのは本当にそういう要素がたくさん詰まっている行為だと思っています。ヒマラヤの頂上に向かって、ある男が一生懸命に登って行くというのがすごく好きです。で、自分でもネパールとヒマラヤの南と北へよく行くんです。ネパールとチベットですね。

＊　ミリンダ王の問い／ミリンダ王問経（「ミリンダ王の問い　インドとギリシアの対決」1〜3　中村元・早島鏡正訳　平凡社東洋文庫）

チベット仏教の世界

夢枕　二十歳代のときにはじめてネパールへ、それからチベットへ行ってびっくりしたのは、私がわからなかった仏教の風景を実感したことなんです。

日本の仏教は「わび」と「さび」に色濃く塗られていて、仏像なんかもかつては表に塗られていたものや、はられていたものがはがれている。「その感じが良い」っていう感覚なんですけど、向こうは仏像はキンキラキンで、原色ですよね。ブルーはものすごいブルーで、赤は真っ赤。ネパールってヒンドゥー教の関係もあって、お祭りなんかだと、牛の首を切ったり、ヤギの首を切ったりして、血がいっぱい出て、その中で毎日毎日、染料でガネーシャを塗ったりしている。そのような光景に本当にびっくりしました。

主に私が見たのは登山ガイドであるシェルパなんかがやっている山の上のほうのニンマ派のチベット仏教でしたけど、「こんな仏教があったのか」と、とにかくカルチャーショックでしたね。「日本で仏教を見ていた」というのは、ずいぶん狭いものを見ていたんだなというのが肌でわかりました。

チベットへ行くと合体仏、ヤブユムですね。つまり男の神様と女の神様が合体している像がたくさんあったんですが、日本では秘仏で見せないんですよね。たまに密教系のお寺に行くと、歓喜天（ガネーシャ）がセックスしている小さい像をちょっと見せてくれたりするんですけど。あちらの仏教は日本とちがって生々しいというか、人間のいる場所とすごく近い感じがしたんですよ。とくにチベットの仏教は、日本人よりもすごく日常的に信心深いですね。

聖地カイラス山へ行って五体投地《ごたいとうち》もやってみました。息が切れて、百メートルもできなかったですよ。百メートルそこそこで挫折して、あとは歩いたんですけど、そこを何日も何日も、七回・一四回・三〇何回と廻る人達もいるんですね。そういう人たちに話を聞くと、みんなかならず「世界が平和でありますように」って言うんですよ。もう一つ言うのは、「来世も人間に生まれ変わりますように」って。そう祈りながら廻っているのを見て、日本とのあまりのちがいに驚いちゃってですね。それからは仏教に対する見方が少し広くなりました。

長老にこんなことを言うのは恥ずかしいんですけど。

スマナサーラ　いえいえ、私の知らない世界の話だから興味深くうかがってますよ。

原初の宗教

夢枕　そうなんですか。もう一つ面白かったのは、ポン教（ボン教）ですね。日本でいうと、神道以前のなにかの宗教みたいな感じのもので。いまは仏教が入って、仏教と合体したようになっているみたいなんですけど。私からすると、ほとんどわけのわからないような宗教でした。でも、私がわけがわからないだけであって、ポン教の人たちはよくわかっていると思いますけどね。

シャーマニズムとはちがうのかな？　ンガクパという、日本でいえば陰陽師《おんみょうじ》みたいな人がいるんですよ。ポン教の、お坊さんのもともとの人たちのような人が、地元の村の人たちからお願いされて、「雹《ひょう》が降らないように」とか、「作物の実りが多くなるように」とか、お祈りをするんです。

で、ちゃんと作物が採れると、ちゃんとあがりを少し採るんです。実らないと逆に村の人から殴られて、死んでしまう人もいる。いまの時代、まさかお祈りが効かなかったからと責められて死ぬ人はいないと思いますが、やっぱり実際に効果がないと村の人から叩かれたりするみたいです。

そういうのを目の当たりにすると、日本の仏教や宗教っていうのはなんだか囲われてしまっていて、なかなかわれわれの日常に姿を現さないものになっているんですけど、向こうはぜんぶ、みんなの前に仏教やポン教があるんだなあと思ってびっくりしましたね。

そういう体験もあって、もともと仏教みたいな考え方は好きだったんですけど、より仏教的な考え方に惹かれていったんだろう思います。

仏教徒の祈り

夢枕　キリスト教についても、いくつかトルコのほうの穴の中で暮らしていた人たちが残した絵などがいっぱいある縁《ゆかり》の地へ行ったりしました。でも、やっぱりちょっと感覚的に遠いんですよ。

私は十代のときに「エホバの証人」「ものみの塔」の人たちに「集会に来ませんか?」と誘われたことがあって、「入信はしないですけどいいですか」と聞いたら、「入信しなくてもいいですから、ぜひ」と言われたので、一年間、一緒に聖書を読んだことがあるんです。でも、なにか肌に馴染まなかったんですよ。なぜキリスト教だとしっくりこないのでしょうね。アジア人だからですかね。

スマナサーラ　それは、いくつかポイントがありましてね。この前、私のお寺のゴータミー精舎にもミャンマーの女性が何人か「お布施したい」と、やって来たんです。ミャンマー人はみんな仏教徒ですからね、伝統的・習慣的に食事をお布施しなくちゃいけない決まりなんです。

そのとき、そのミャンマーの女性は「この功徳によって、〝世界が幸せになりますように〟ということにしてください」と言うんです。「みんな幸福になりますように、ということにしてください」とね。「あ、やっぱりさすが仏教の世界だなあ」と思えますよね。

夢枕　よくわかりますよね、そういう感じは。

スマナサーラ　すっと馴染めるといいますかね。たとえばチベットは、ふつうの人から見たらへんなことをいっぱいやっているかもしれませんけど、なにを願っているかというと先生もさっきおっしゃったように「世界が平和でありますように」ということなんですね。あれがすごいところだと思いますよ。だからだれでも馴染めちゃうんですよ。

タイでも、たとえばそれほどお金のない女性が日本人の旦那さんと結婚したりして、お金に余裕ができるとお寺に寄付をして、一生懸命お祈りします。日本人の旦那さんはわけがよくわからなくて、「なにをそんなにお祈りしているの?」と聞く。タイ人の奥さんは「私は、すべての生命が幸福になりますようにと、お布施をして、みんなに回向《えこう》しているのです」と言うそうなんですね。

エゴのない祈り

スマナサーラ　回向というのは、自分が行った善行為をみんなで分かち合ってエゴを消すことですね。

でも日本人には「それってどういう意味？」という感じで、よくわからないんですよね。自分が苦労して稼いだお金で、ふつうの日本人は自分のことをお願いするでしょう。「もうちょっと家が広くなりますように」「もうちょっと旦那の給料があがりますように」とかね。

夢枕　だいたいは、自分のことをお祈りしますよね。

スマナサーラ　ふつうはそうでしょう。でも仏教徒は自分のことはなにも期待なしに祈るんですよ。それが仏教の世界なんですよ。だから私は、自分も仏教徒でありながら、ブッダの精神がいまも見事にずーっと生き続けていることに、すごく驚くんです。あまりにも精神的に広い世界なんです。広いから、宗教に興味がない日本の方々でも、ちょこっとでも触れてみれば、あっという間にブッダの世界に入っていけますよ。

第四章 世界宗教

仏教のスタンス

夢枕 私は、仏教にもキリスト教にも興味があって少し触れてみたけど、キリスト教には馴染まなかった。まあ、そういうふうに、生きているうちには、いろんな宗教と出会いますよね。一神教だったり多神教だったり、いろいろな宗教があります。仏教徒の心のあり方としては、それぞれの宗教と接したとき、どういうスタンスを取るのが美しいんですか。

スマナサーラ なにかスタンスをもって接すると、最初からもう自分の固定観念で相手を見るようになります。「あなたと私がちがう」ということになると、だれとも付き合うことができなくなります。互いに物別れになって、ライバル同士で生活する世界は仏教も求めないし、一般的にはだれも求めないものです。

ですから、われわれはさまざまな宗教の方々に出会う場合は自分の主観を置いておいて、相手の考えをそのまま、まず理解しようとします。ようするに、相手の思考を教えてもらうのですね。そうすると、次に相手が私に尋ねる番になります。訊く質問は二種類です。質問1．私の考えに対してあなたはどう思いますか？　質問2．あなたはなにを信じていますか？　ですね。

質問1なら、相手の思考をわれわれの立場で分析してみます。まず長所を認めて、かならずあるはずの短所も教えてあげる。質問2なら、まず質問1の答えを出して、それから短所が見出せない生き方として、仏教の考えを教えてあげる。

そういう態度ですから、だれとでも付き合うことができます。仏教は慈しみを語る教えなので、人間を差別するどころか、一切生命を平等に慈しまなくてはならないのです。それってクセになってしまいますね。

私たちは仏教徒として、相手の宗教や思考を、短所を見せて批判する場合がありますが、人を差別してはいけないという戒めも守らなくてはいけないのです。それで結局はどうなるかというと、仏教徒と対話しようとすると、相手の思考・信仰は、壊れてしまいます。

夢枕　壊すんですか？

スマナサーラ　壊れます。たとえば一神教の人々のお話をお釈迦様は「あれは宗教にもならないんだ」と、まず言うんです。だって、全知全能の神が森羅万象をつくったとすると、全知全能の神は過去・現在・未来、ぜんぶ知っていることになりますからね。

神のプログラム

スマナサーラ　一神教では、森羅万象、被創造物がどのように変わっていくかということは、創造した人の勝手だということになるんです。もう最後までプログラムが組んである。そうすると私たちはいくら努力しても、神のプログラムに入ってないことはできないし、プログラムに入っていたら、たとえ殺生したってかまわないことになります。「そういうプログラムだ」と言えばそれまででしょう?「嘘を言ってもかまいません。百人殺してもかまいません。そういうプログラムである」となります。もし身体が弱くて臆病者で一人も殺せないんだったら、「それはそういうプログラムである」。戒律を守りたくないといえば、「あ、それはそういうプログラムである」。例外なく、ぜんぶ神が決めたようになるんだぞ、という理論でしょう。

ですから、最初から宗教になってない。「こう生きるべきですよ」と教えるのが宗教なのに、「なにもやらなくてもいいですよ」という極限のノンアクションですからね。努力もなにもしない。

夢枕　あるいは「なにをやってもいい」みたいなことになる、ですね。いま、おっしゃられたことは私もひじょうによくわかって、まったく同じ意見なんですけど、それを彼らに言うと彼らは絶対「ちがう」って言いますよね。

スマナサーラ　ちがうと言ったら、「じゃあ証明してください」と言います。

夢枕　でも向こうは証明できないでしょう。

スマナサーラ　向こうが言うのは、「いいえ、神は自由意思を与えた」と。

神と自由意思

夢枕　自由意思を与えて、あるいは「試しているんだ」とか言いますよね。

スマナサーラ　そう言われたら、「だったら、私に自由意思があるでしょう」と返しますね。私はなにをやっても私の勝手であって「神がごちゃごちゃ言うなよ」となるでしょう。でも「神に従いなさい」と言うなんて、子どもにおもちゃを与えて「遊ぶなよ」と言うことと同じ。「いったい、どういう意味ですか？　おもちゃを与えた時点で遊べという意味でしょうに」と反論します。

ですから、神が私に自由意思を与えたなら、私は自由意思で考えて「神なんかくそくらえと思っている」となる。神にはなんとも言う権利がないんです。つまり、「成り立たない」ということです。

夢枕　私は「くそくらえ」とまでは思ってないし言えませんけど、でも、とにかく彼らとは、神はいるか、というところについては対話が成り立たないですよね。

スマナサーラ　全知全能の神なんて存在しないんだからね。人間の妄想概念なんですから。私は遠慮なく言っちゃいますけどね。私の厳しい言葉はわかりやすいんですよ。

夢枕　わかりやすすぎます（笑）。

スマナサーラ　私がそういうことを言ったら、神を信仰する人々はとてつもなく怒るでしょう？　「冒涜だ」とか「殺さなくちゃ」と思う。しかし「ちょっと待ってください。あなたに私を殺す権利はない。

あなたは神ですか？」となるでしょう？　「神であっても殺す権利はないのに、あなたになんで権利があるのか」となるでしょう。

夢枕　ますます怒ると思いますよ、向こうは。

スマナサーラ　そうすると怒って殺そうとするでしょう。私は死ぬことはどうってことないです。どうせ死にますからね。でも、その人が信じている神が、本当の立派な神なら、ちょっとちがう意見を言う人を殺してしまうことを容認するでしょうか？　そうじゃないでしょうね。ですから、「あなたがもし、あなたが信じている神を否定する私のことを、憎くて殺そうとするなら、それは、あなたが信仰している神の教えに背くことになります。つまり、あなたが真っ向から神にはむかって神を冒涜していることになる。神を信じていないのは私ではなくあなただよ。だから地獄に落ちるのはあなたであって私ではありません」と、そういう理屈でいくんです。

夢枕　いや、そのとおりですよ。

目の中の炎

スマナサーラ　世の中の宗教の教えには、矛盾がいっぱいあるんですよ。運命論をもってきたり、業（カルマ）のみであると言ったりして、間違って教えている。お釈迦様は「困ったもんだ。そうじゃないんだ」とおっしゃってます。

夢枕　私が会った「エホバの証人」の人たちは、いい人たちではありましたけどね。話をしていると、目がキラキラしていてみんな優しいんですよ。だからこそ、その人たちの矛盾点をなかなかうまく指摘できませんでした。

スマナサーラ　キラキラしているというか……、「私たちは死後、天国に行くことを確保しているのに、この人々はかわいそうに永遠の地獄に堕ちるのだ。神の教えを教えてあげて助けなくては」という態度だと思ってしまいます。自信満々なので目がキラキラしているように感じてしまうことでしょう。

私もそういう人々の顔をはっきりと見ます。目の中に炎があるように感じてしまいます。それから私のプライベートの楽しみのために、「地獄の炎が見える」と思ったりもします。それは自分のプライベートの冗談だから相手には言いませんが、人の目を見るとその人の宗教がわかるような気がします。

夢枕　そうなんですか。

スマナサーラ　うん。これに気づいたのはかなり前のできごとでのことなんですが、スリランカの若い坊主で、ちょっと戒律を破ったりする人がいたんですね。戒律を破ると、坊主ではいられない。それで、還俗しなくちゃいけなくなったんです。

還俗したって仕事がないですからね。困って、確かプロテスタントの教会と相談して、「じゃあ、還俗したら外国でいい仕事を見つけてあげる」という約束をとりつけたんですね。さっそくキリスト教徒になって還俗しました。私は仲良しでしたから、キリスト教徒になって二日三日の時点で、この人が私に会いに来たんです。もう、びっくりでした。いままで輝いていた目でしたのに、炎が見えるんですね。

夢枕　いったい、どういう変化があったんでしょうね。

スマナサーラ　これは私の主観です。仏教の場合は「生きとし生けるものが、幸福でありますように」

というのは、日常の生き方の基礎になります。人間に対しても、他の生命に対しても、自分と同じ命だと感じなくてはいけないのです。その教えは正しく実行してもしなくても、他人を見るときは仲間、家族を見るときの目つきになります。

一神教などの場合は、私は排他的な宗教だと思ってしまうのです。彼らは唯一の神を信仰する者と、信仰しない者を分けてしまうのです。前者は永遠な天国、後者は永遠な地獄です。宗派によって、永遠な地獄の概念が変わりますが、人間を分けてしまうことには変わりありません。人間以外の生命には、立場がないのです。神を信じない人々は神の仇敵である悪魔のやからなのです。それから一神教は「悪魔の誘惑に対する戦い」という盾で戦うこと、争うことを容認するのです。

人の気持ちが「一切の生命が幸福でありますように」になるか、「内輪だけは救われますように」になるかでは、目つきが変わると思います。宗教というのは面白いことに戦いを容認することで精神的には怒りを肯定しているのです。神を信じる人々のなかで稀な一部しか戦いは挑みませんが、みな怒りを抱いているのではないかと思います。その怒りの炎が目の中に見えるのですね。

ブッダの教えの普遍性

スマナサーラ　どんな宗教でも「われわれの宗派だけが救われる」「われわれの教えだけが正しい」ということを言ったら、それはもう間違っています。他宗教も尊重する態度でいないとね。

お釈迦様はそうされていましたよ。バラモン人もなにか自分たちに問題が発生したときには、お釈迦様にいろいろ聞いていたんですよ。バラモンだけでなく、お釈迦様はジャイナ教の人に対しても「こうしなさい」とけっこう説法しています。

夢枕　ジャイナ教の人達にも説法している？

スマナサーラ　一方的な仏教の宣伝ではないんですよ。「あなた方はこういうふうにしたほうがいいんじゃないですか？」というふうに教えているんですね。

たとえば、あるジャイナ教の修行者が「お釈迦様、あなたは煩悩をなくせ、と言う。われわれも煩悩をなくせ、と言う。だから、お互い同じでしょう？」とお釈迦様に言ったことがあります。そのとき、お釈迦様は「あのねえ、では聞きますけど、煩悩がいくつあるか知ってますか？」と聞くんです。「知りません」と相手が答えてから「だからでしょう、あなた方が煩悩をなくせないのは。数も知らないからです」と提示して、煩悩の数、煩悩が起こる原因、煩悩をなくす方法を詳しく教えるんです。ぜんぶもっともなことを教えられるから、ジャイナ教の人も、お釈迦様の方法をやらないわけにいかなくなっちゃうんですよ。

夢枕　ジャイナ教の人も、そうなるといつの間にか、仏教徒になってる感じですね。

スマナサーラ　自分は仏教だとも気づかず、ブッダに説かれた教えどおりに生きる人々はいます。ブッダの教えでは、改宗するシステムさえもないのです。自分でこの教えを実践してみると決めれば終わりです。

仏教は宗教ではない

夢枕　私が仏教のほうが入りやすかった理由をいま考えるとですね、キリスト教の場合はいちばん最初に、「イエスの復活を信じるか信じないか」というハードルがあるんですよね。私はそのハードルを越えるのがひじょうに厄介だったんです。

　仏教の場合はそういうハードルの前に、「宇宙とはなにか」というような理性的な考え方みたいなものがあって、たとえば「宇宙はどういう原理で動いているか」とか、会話をして理解できる部分から出発できる。それが、私にとって仏教がすごく入りやすかったところなんです。

スマナサーラ　仏教は別に宗教じゃないですからね。だれが勉強する場合でも「門」がないんです。

夢枕　そうですよね。仏教って宗教じゃないですよね。むしろ孔子の儒教みたいに、考え方などを説いてますよね。

スマナサーラ　そうですよ。儒教は私たちだって「ああ、これはいいな」と思って取り入れることができるものです。それと同じ。

夢枕　キリスト教徒でもイスラム教徒でも、どの宗教の人たちでも仏教を学べるわけですよね。

スマナサーラ　そうです。

夢枕　ところが、同じ神様でありながらイスラム教徒とキリスト教徒とは、喧嘩がすごいですよね。

スマナサーラ　もう、まったく一緒になりませんね。

民族宗教と世界宗教

夢枕　そういう意味でいうと、仏教のほうが、「宗教じゃない」と言ったばかりで矛盾するかもしれませんが、世界宗教としてなにか役割がありそうな気がするんですけど。

スマナサーラ　実際ね、お釈迦様が弟子を六〇人つくって、そこではじめて「これを人類に教えなさい」と言ったんですよ。「人類」にです。みんなの幸福のために。「みんなに幸福の道、苦しみをなくす道を教えなさい」とおっしゃいました。そのとき、「二人一緒に歩くなかれ」と、おっしゃっています。つまり「弟子は六〇人しかいないんだから、少しでも広めるために、一人ずつ広めなさい」ということなんですね。

だから、人類史上はじめて現れた世界宗教というのは仏教なんです。ほかの宗教も、いっぱいあるけど世界宗教じゃないんですよ。民族宗教なんです。日本の神道みたいに。

日本の神道も、仏教よりもたいへんに古い歴史のある宗教ですけど、あれは日本民族の宗教なんです。キリスト教もいまはへんに湾曲されちゃいましたけど、もともとはユダヤ人の異端者たちの宗教なんですね。ユダヤ人にはユダヤ人の正統的な民族宗教があったんですけど、そこから漏れて攻撃する人、異端者の宗教がキリスト教なんです。イスラム教はアラブ系の一部の人の宗教で、イスラム教徒にはだれでもなれますけど、同じアラビア文化を共有する必要があります。また、ヒンドゥー教はインド人の宗教で、カースト制度があってその制度の中の宗教です。

仏教以外に、「人類」に語った教えはないんですよ。

仏教徒になる人、ならない人

夢枕　本来、仏教は宗教じゃなくて「教え」「学問」ですから、みんなが仏教を学べばいいのになと思うんですけどね。

スマナサーラ　仏教は、「生きるとはなんぞや」「どう生きるか」というのを人類に教えるのですね。そこがすごいところです。でもみんなが仏教を学ぶわけではないというのは、自分の主観、「それが絶対的に正しい」と考える心理学的なハンディがあるからなんですね。

自分は正しいから、まず他人の話を聞く必要がないのです。しかし自分の生き方でうまくいかない場合、失敗する場合は、「自分の希望が叶うようにどうすればよいのか」とアドバイスを受ける気になります。しかし自分の主観を変える気はないのです。

宗教とは「死にたくはない」と思う人間に「うちの神を信仰すれば永遠の天国で生きられますよ」と説くのです。「豊かになりたい」「病気を治したい」という希望の人に、全知全能の神に祈れば希望が叶うと説く。人の希望どおりです。人は「生きるとはなにかと、明確に理解しましょう」という教えには興味を抱けないのです。人の要求は「私の希望を叶えてくれ」です。「あなたの希望がたとえ叶っても、生きる苦しみがなくなるどころか増えますよ」と言われると、拒絶反応が起こるでしょう。

宗教というのは「我は正しい」という錯覚に陥っている人々の希望、願望に対して「信仰」という代物を売ることです。みなが要求しているから「信仰」はよく売れる品物です。「あなたが自分自身を改良・改革しなさい」というブッダの教えのなかに、「私は正しい」という生命共通の気持ちは正しくない、というメッセージが潜んでいます。

お釈迦様は、ブッダの教えは理性のある知識人のあいだなら広がるのだと説かれています。裏を読めば、大衆には人気が出ないということになりますね。

夢枕　ああ、そうですよね。

スマナサーラ　そんなに大げさなハンディじゃないんだけど、そのちょっとしたハンディはだれもがかかえています。それを破ることはけっこうキビしいんですよ。だから、だれもが仏教徒になったりはしないんだけど、理性のある人というのはね、素直に振り返ってみると自然に仏教徒になっている、ということになるんです。

「私は仏教徒」

スマナサーラ　日本で友達になった、あるアメリカの若者がいます。いろいろ勉強のことやら、研究のことやら、日本のことやら、一緒に調べて楽しく生活していた時期がありました。いろんな議論を交わしたり、お互いの文化のことを話し合ったりしていました。その人は欧米のことやクリスマスのことを教えてくれたり、私はわれわれアジアのことを教えたりという具合です。

ある日、私の部屋にアメリカ人のグループが突然来たんです。キリスト教かモルモン教かなにか、自分の宗教を広めるために来たんですね。会話が宗教の話しに変わってしまったのです。「神は絶対的だ！」と、すごく意気込んでいるような感じでした。私は会話に参加するより、お茶を入れてあげたりすることで忙しかったのですね。しかし私に質問を投げかけたのです。

「仏教はどういう宗教ですか?」「仏教徒は神をどのように思いますか?」などなどです。しかし、みんなアメリカ人同士なのでスラングをいっぱい使います。私には上手に対応できません。私は友達に「ふつうの英語でしゃべってくれればわかるのに」と言ったのです。その友達は私の代わりに訪ねてきた人々の質問に見事に答えたのです。答えながら、最後にこう言うんですよ、「I think I'm a buddhist.」(私は仏教徒だと思う)と。

面白いでしょう? その若者はすっごく理性があったんです。私と仲良くすることで本人は徐々に自分の価値観や、生き方を改良していったのです。振り返ってみると、それはぴったり仏教徒の生き方になっていたというわけなんです。

夢枕 外国でたまたま知り合った人と話をしていると、「それは仏教の考え方にひじょうに近い」と思うときがありますね。「仏教ではそういうことを考えているし、言っているんだよ」というと、相手がまったく仏教を知らなくてびっくりするときがありますよね。仏教は、「門」がないと言った長老の話とつながりますね。

スマナサーラ だから仏教というのは開放的なもので、そんなに難しいことじゃないんです。問題は主観だけ。主観だけなんとかしてくれれば、みんな自然と仏教徒になってしまうということなんです。

第二部

天才ブッダ

第一章

ブッダ誕生の背景

謎を秘めた仏教の「道」の発見

夢枕　仏教誕生の背景について、この機会に確認したいんですけど、やっぱり仏教が生まれた背景にはインドの思想哲学があるんですか？　たとえばウパニシャッド哲学であるとか？

スマナサーラ　日本の学者はそう思っているようですけど、私はまったくちがうと思いますね。

仏教の背景、歴史については、インドの文献やら言語やら、その分野の詳しい先生方によってかなり厳密なところまで研究されています。もちろん、文献をしっかり調べに調べて、ね。で、確かに「ウパニシャッドとか難しい哲学が背景にあったのではないか」といわれてはいるんですけど、でも、お釈迦様がお生まれになった紀元前六世紀ごろに、ウパニシャッド哲学なんかあったわけじゃないんですよ。

夢枕　え？　なかったんですか。

スマナサーラ　そりゃあ巨大インドですから、いろいろなところで思想哲学があったことはあったでしょう。しかし、しっかり組織化されたウパニシャッド体系というのは、当時、まったくなかったんです。これから現れようとする時期なんですよ。

もし、当時すでにあったならお釈迦様はなんらかの関係で参考にするはずですし、それを口にしてもいるはずなんです。お釈迦様は当時の最高の知識人でもあったのですからね。しかし、ウパニシャッド哲学の存在についてすらも、パーリ文献にはないんです。

パーリ文献というのは、そうとう真剣かつ真面目に守られているものです。扱う人はみな修行僧ですし、お釈迦様の言葉を好き勝手に改良しようなんてことは絶対にあり得ないんです。大乗仏教とちがって、「ブッダの言葉を守る」ことに関しては、すごく厳しいんですよ。

一般常識としては、まず「なにか背景があるはずだ」と思うのはとうぜんでしょうね。「なんの背景もなく、ある日突然、いきなり出てきたなんてことはあるわけがない」というのはね。

しかし、なぜブッダが仏教の「道」を発見したかということに関しては、そんなに納得のいく情報は見つからないと思います。

お釈迦様の出自

スマナサーラ　お釈迦様が、生まれたときからすっごく期待をかけられていて、一族の「期待の星」として扱われたことはたしかなんです。それは仏伝や文献で見てわかります。

「期待」というのはこういうことです。釈迦族にはシビアな交戦の歴史があって、それまで自由に政治をやっていたのに、近隣の大きな国に攻め入られて一時的には大国の傘下に入らなくてはならない事情もあったのです。そういうことが文献から見てとれます。プライドの高い民族でしょうし、政治的にかなり圧力があったと思いますし。ですから、お釈迦様がお生まれになったときに、「われわれの苦しみを、この子ならなんとかしてくれるだろう」という期待があったのだと思われます。

あとは、お釈迦様が出家した理由についての話がありますよね。老人と病人と死体を見て、最後に出家者を見て出家を決めたというエピソードです。

夢枕　生老病死《しょうろうびょうし》、四門出遊《しもんしゅつゆう》ですね。

スマナサーラ　そう。つまり、「釈尊の興味は、政治的にちょっと豊かになることではなかった」ということなんですね。王子ですから、ゆくゆくは国の政治を担う立場でしたが、「人を幸福にするために必要なのは、政治的な独立などではないだろう」という考えだったんです。

「たとえ政治的に独立して頑張ったって、人間にはずっと苦しみがあるんじゃないのか、苦しみは避けられないでしょう?」、そのあたりのことは「生老病死」の話でも、表現されています。

ですから、「人間が幸福に明るく生きるためには、国を独立させるというような子どもじみたことではなくて、もっと本質的ななにかあるんじゃないのかな」ということは、お釈迦様の心にずっとおありになった。その土台があったうえで、「生老病死」のところでお釈迦様が見た四番目のものは出家でしたから、そこで「ああ、精神的な世界もあるんだ」と思いいたったということだと思います。

「輪廻転生」思想の出現

夢枕　お釈迦様は王子だったゴータマ・シッダールタ時代、すでに輪廻をしていくとか、輪廻の原因は業（カルマ）だとかという知識はあったんでしょうか？

スマナサーラ　それはなかったですね。ブッダになってからの話です。前からそんなことを知っていたなどとは、一度も言ってないんです。

日本にある定説では、お釈迦様が輪廻の話と業（カルマ）の話を、ほかの宗教から「パクった」とあります。学者さんたちは「パクった」という表現は使いませんが、まさに「パクった」という内容のことを言ってます。人の書いたものを盗用することをパクり、と言うでしょう。英語では「plagiarism（剽窃《ひょうせつ》・盗作）」ですね。でも、ブッダはそんな人じゃないんです。それに、「輪廻転生」は、お釈迦様の時代にあったヴェーダ聖典などにはないんです。

夢枕　最初はどこになるんですか？　輪廻とカルマというのが生まれたのはいつごろ？

スマナサーラ　それはバラモン教以外、六師外道《ろくしげどう》というのがありましてね。

夢枕　はい、わかります。

スマナサーラ　六師外道はバラモン教に対立している、当時でいう異端派なんですね。その人々は輪廻みたいな考え方をいろいろもっていたみたいですね。しかし、輪廻転生というよりはもっと幼稚で、「魂が流転してやがてオートモードで救済される」「魂は一つのステージが終わると自動的に救済される」というものなんです。

わざわざそう言ったのは、バラモン人に対立するためなんですよ。ただ言っているだけで、別に証拠もなにもない言いぶんです。ということは、バラモン人には「輪廻転生」の思想がなかったということなんです。

輪廻をめぐるバラモン対六師外道

スマナサーラ　これには時代背景があります。バラモン人は当時、「人が死んだら、父の世界に行くのだ」と言っていたのです。日本でいうご先祖様の世界です。故人が先祖の世界で幸福に生活できるように供養が必要で、息子にはその供養を行う義務があるのだと。そして供養の儀式はバラモン人が行わなくては先祖に功徳が届かないのだそうです。息子がたくさんお土産を持っていって、供養の儀式を行うようにとバラモン人に頼まなくてはならない。バラモン人はヴェーダ聖典の呪文を唱え、聖火に供物を入れるのです。この教えでは死後のことを心配する人々が、バラモンカーストに支配され束縛されるのです。「死んだら天国へ生けます」というバラモンの教えも、他の宗教で言っていることと同じです。しかしこの信仰を、人を束縛するために、搾取するために改良したのです。社会を差別する、バラモンカーストの人々の権限を絶対的にするシステムが立ち上がったのです。供養の儀式についてたくさんテキストを作ったのです。そのテキスト群の名前は「ブラーフマナ」です。バラモンの作品という意味です。ヴェーダ聖典の注釈書ともいえるのです。

それも人は死んだら先祖の世界に行く程度の話で、いわいる六師外道の思想家たちのような魂の流転の話はなかったのです。ブッダが悟りを開いてから語った因果法則に基づいた「輪廻転生」の思考がなかっただけではなく、輪廻（サンサーラ）という言葉さえもなかったんです。

夢枕　では、「輪廻転生」というのは六師外道のときに、バラモン以外のところで言っていたことなんですね。ジャイナ教なんかでは言っているわけですよね。仏教の側から言った言葉ですよね。六師外道というのは。

スマナサーラ　そうですね。日本では「道」と付けて重々しく言っていますけどね。アーチャーリヤという「師匠たち」という意味の言葉を使ってますけど、われわれからすれば、ただ「六人の他宗教家」という意味ですからね、もともとは。

「輪廻転生」という言葉だけとれば同じようなことを言っているように思うかもしれませんけど、お釈迦様は六師外道の人に対して、「彼らは屁理屈でいい加減だ」とも、はっきり言っています。仏教とはまったく別な宗教ですから、論理的にぶつかったりもしています。ま、その人々の教えが記録されているのはぜんぶ仏典ですけれどね。自分たちのほうでは教典もなにも残っていないのです。

業論の発見

スマナサーラ　お釈迦様は断言しているんです。「生命が生まれて死んで、生まれて死んで、生まれて死んでいくこの過程を、自分の悟りの智慧でずーっと見ていたんだ」と。それから、宇宙が現れては消えて、現れては消えていく数多のサイクル（劫）をずーっと観察して見てきたんだ、と。

人だけでなく、一切の生命は、生まれては死に、生まれては死に、生まれては死に、と、繰り返しています。それを見たわけです。一切の生命の前に、まず自分の過去を見たんですね。自分ももう、過去から何回も生まれては死に、生まれては死にを繰り返してきています。そして次に、自分の生命の履歴だけを見ていたら客観性に欠けるということで、ほかの生命のも見たんです。

自分の場合は、自分ひとりの過去を見て、ほかの生命を見る場合は、死ぬ人と、死んでどこに生まれるかというのを、大量に見ていったんです。

たとえば、いまこの瞬間にもいたるところに死んでゆく無数の生命がいます。死んでいく一人の生命がどこに生まれるのかとブッダが瞑想から得られた超越した智慧で観察するのです。それから他の生命を観察する。そのようにたくさんの生命の死と生を調べたのです。大量にデータを調べると死と生にかかわるある法則を発見するのです。それは生命の行いによって、次の生の幸、不幸が成り立つのだという業論なのです。業論とは神秘的な話ではなく、因果法則そのものなのです。

輪廻という現象の直視

夢枕　「いろいろな生命の流転を見た」というのは、リアルなお話とすると、どういうことなんですか？

スマナサーラ　三明《さんみょう》といいますが、三つの智慧ですね。「宿命智《しゅくみょうち》・天眼智《てんげんち》・漏尽智《ろじんち》」という。一の宿命智で一個の生命である自分の過去を観察するのです。二の天眼智で他の生命の死と生の関連性を観察するのです。三の漏尽智とは、限りなく生死を繰り返す輪廻は自分に対する執着などの煩悩であると発見し、その煩悩を残りなくなくすことです。それで悟りに、解脱に達したことになるのです。
　お釈迦様がどうやって修行したか、どうやって悟りに達したかということは、お釈迦様は明確に語られています。「私はここでこうやって瞑想をして、こういう智慧が現れた」というふうに。そして、三明については、お釈迦様直々の言葉で語られていて、そのことはすべての学者も認めています。現代人がなんと言おうとも、嘘だと決めつけられるものではありませんし、どうしても信じられなかったらそれでかまいませんし。
　とにかく、お釈迦様が「自分は輪廻という現象を直視した」と言ったことははっきりしています。
夢枕　それはたとえば、未来と過去をずっと輪廻していく様子を……。
スマナサーラ　未来はないんです。
夢枕　では、過去において生命が何度も何度も生まれ変わって、また次に生まれてくるというのを「感じ取った」ということでいいんですか。
スマナサーラ　そのとおりです。それは瞑想の世界ですから実際の経験であって考えではないのです。一般的に言う「知識」でもないのです。発見です。

神通力の真実

スマナサーラ　たとえば、先生は小説を書くときにいろいろイマジネーションするでしょう？　それとはちがいます。イマジネーションとか推測はないんです。

当時も、「ブッダは推測して論理的に語る」と何人かに批判されています。この批判にはお釈迦様は猛反論したんです。すぐその人に会うんです。神通力ですぐその場へ行って、会って「あなた、本当にそんなことを言ったんですか。推測じゃないんですよ!」と、その点に関してはたいへん厳しい態度で正しました。だから推測じゃないんです。客観的な経験なんです。

お釈迦様の心の世界というのは、知識の次元を破りますからね。われわれは認識する次元は、目・耳・鼻などに限っているでしょう? 先生方がいかにすごいイマジネーションで素晴らしい作品をつくったとしても、いくら現実にはないお化けやら宇宙人のことを想像で描いたとしても、それは現実的な情報の組み立てを越えません。結局は、現実的な情報の組み立てなんです。

しかし、瞑想の場合は、五感の次元を破っちゃうんですね。

夢枕　いま、長老のおっしゃった神通力というのは、どういう力のことなんでしょう。

スマナサーラ　神通力とは一般的に興味のある話題ですね。

三明の話をします。三明とは五感の認識範囲を超越した智慧なのです。心の集中力を上げて、汚れを抑えておくと、能力は上がるのだという考えです。

神通はブッダ独自の能力ではなく心に一般的に潜んでいる能力なのです。五感の認識範囲を超えているから、「神通」といっても間違いはないですが、心の能力は「智慧」につながります。心とは「知る」機能なのです。心を強化してさらに清めると知る能力が上がり、知ることのできる範囲が広がるのです。自己の次元を超えて知ることができるようになるのです。知る能力が上がったところまで、神通です。その能力を駆使してものごとを観察すると現れるのは、智慧です。

一般人が興味をいだく、空を飛ぶ、水の上を歩く、などの神通のことも仏典にはありますが高く評価していないのです。神通で不自然なことをしても疑い深い一般人が、「奇術師」だと批判するかもしれないともいわれています。仏教が強調するのは三明のことです。疑いなくブッダにあったといえるのも三明です。

「ジャータカ物語」のブッダ

夢枕　私らの理解というのは、基本的に〝ブッダは二六〇〇年くらい前にルンビニに生まれて、釈迦族の王子で、出家をして八十歳くらいで亡くなった。最初は苦行されて、それから菩提樹の下で悟った〟、そういう、日本人ならだれでもだいたい知っているだろうくらいの大まかな知識です。
その大まかな流れは「おそらく事実であろう」とは認識しているんですが、二六〇〇年もむかしに、仏教という偉大な教えを完成したブッダという人物がどういうふうに出現したのかということは、すごく興味をそそられるんですよね。
たとえば「ジャータカ物語」とか、お釈迦様の生涯を書かれたものがありますよね。あれはどの程度までが神話とか伝説のようなもので、どの程度までがリアルな歴史なのでしょうか？
スマナサーラ　あ、それは、私にもわかりません。「ジャータカ」には、二つあります。一つは経典の中にある「ジャータカ」というところ。そしてもう一つは日本でよく知られている「ジャータカ」です。

この日本でもどこでもよく知られている「ジャータカ」というのは注釈書、コメンタリーなんです。

経典のジャータカは詩なんです。その詩に注釈する形でジャータカ物語がある。ジャータカ詩は仏典のなかでも、かなり古いものです。ふつうのパーリ語の能力では理解が難しいほど言語も古いのです。

詩で語るとは、短い言葉で世間論、道徳、生き方、さまざまな教訓を教えることです。詩で語ることはインドでは知識人の一般的な習慣でした。たくさんの内容を短い言葉で語って、それを覚えてもらうためには詩にしたほうがよいのです。日本にも五・七・五っていう詩あるでしょう?

夢枕　あ、俳句とか短歌ですね。

スマナサーラ　そんな感じで、インドは四行詩ですけど、形が決まっています。詩を詠んで語るんです。

夢枕　メロディーにのせて、語ったり唱ったりされたものなんですか。

スマナサーラ　メロディーがあるポエムですね。インド人は楽器を奏でて自分がつくった詩を歌ってはいましたが、出家比丘たちには音楽は禁止なので楽器を使わずに歌うのです。仏教用語で「声明」というものです。

ですから、ジャータカ詩は、お釈迦様がむかしむかしから人々の戒めとして残っていた詩などを引用して語ったということではないかなと思います。だから「ジャータカ」がどこまでブッダの本当の過去かというのはよくわからない。われわれ仏教徒としては、「それはブッダの教えである」と信仰していますけど、知識人として調べると、ジャータカはブッダの過去の物語だと断言することはできないのです。

予告されていたブッダ誕生

夢枕　西洋でいえば、仏教の諸行無常にかなり近いヘラクレイトスの万物流転説などもありますよね。仏教にもなにかそういう思想的な背景があったのではと思っていたのですが、そうではなくて、お釈迦様という突出した存在があるとき現れた、ということでよいのでしょうか？

スマナサーラ　私はそう思いますね。思想的な背景はなかったと思います。

ただ、お釈迦様、ブッダという存在が現れた背景として、ひとつ、はっきりしていることがあります。もともと、ずっと過去からの「決まり」があったんですよ。

キリスト教でも、「いついつ救世主が現れる」という予言が広まっていたでしょう？　同じようにバラモン教の教典に「こういう聖人が現れます」といって、その人だと見分ける「三十二の相」というのが載っていたとあります。ですから、ブッダが誕生するずっと前から、ブッダという真理を語る人が現れるという土壌がすでにありました。それがあったから、人々にも受け入れられやすかったんだと思います。

第二章

ブッダと国家

カーストの否定

夢枕　ブッダは、当時のバラモンの厳しい支配についてや、カースト制度については、どんな立場だった方なんですか。

スマナサーラ　断固反対！ですね。

夢枕　はっきり言っているんですか。「カースト制はいけない」と？

スマナサーラ　そう、もう断言的に「反対」。カースト制度を否定するときは、断言的に否定していました。しかし、その論旨が世間に通じませんから、ご自身でカーストがないサンガ（僧の集団）をつくったんです。

　堂々とおっしゃるんです。「ガンジス川やら、ヤムナ川やらサラスワティ川やら、いろいろな川の水は、海に入ったら同じ塩水でどこの川の水だとは言えませんよ」と。そのように「あらゆるカーストから私のところに出家したらみな仏弟子であって、どんなカーストだなんて言えませんよ」ということですね。

夢枕　それゆえに、みんな仏教徒になっていったという側面はあるんですか。

スマナサーラ　経典を見るとカースト制度の否定は仏教徒の数を増やすことに、そんなに影響を与えていないように見えます。みなが惹かれたのは、堂々と論理的に、客観的に語られた真理なのです。仏弟子たちのなかで知識人や高貴な人々が占める割合はけっこう高いのです。ブッダは、とにかく異質、スペシャルな存在です。時代を経るにつれてインド人は仏教を改悪しただけではなく、教えそのものも捨ててもとの原始的なカースト制度にもどったのです。

先進的な民主主義者

スマナサーラ　お釈迦様は、カースト制が厳しい、不平等極まりない時代に現れたわけですけど、その教えは、平等の精神にしてもいまの社会にさえ通じないくらいに、あまりに進んだものでした。

私はね、ときどきみんなをからかって冗談のつもりで言ったりすることもあります。「いまの日本社会であっても原始的部分がありすぎだから、ブッダの話をわかるわけがない！」とね。なにも日本だけの問題ではありません。ブッダの真理の立場から見ると、たとえ現代人と自称してもまだまだ未熟なんですね。ブッダのあの自由思想というのは、本当に先進的なんです。

お釈迦様はサンガ組織*では自由な社会をつくって模範を見せたのです。その思想にしたって、民主主義です。当時は王制だから「民主主義」という言葉さえもない時代に、お釈迦様は民主主義をおつくりになったんです。しかもそれは、現代の民主主義よりも発展した民主主義なんです。

たとえば、なにかを決めるときには、まずみんなの意見を聞かなくてはいけないんです。仮に一一人のお坊さんがいるとしましょう。一〇人がこの提案には賛成、一人が「うーん私はねえ、反対」と言っちゃうと、その提案はボツになります。

夢枕 なるほど、一人でも反対してはだめ。多数決ではないんですね。

スマナサーラ そう。しかし、それでは困るでしょ。一〇人も賛成しているのに、一人が反対したからといってすぐ「やらない」と決めてはね。そんなときどうするかというと、いったん会議を止めて話し合うんです。反対した人に「どういう理由から反対ですか?」と、聞くのです。

その一人の反対理由がもっともで「まさにそのとおり!」となれば、一〇人の賛成は「これ、だめなんじゃないかなあ」ということになります。もしそうなれば、一人の意見が通ることになります。

その基準は簡単です。ブッダの教えと道徳の規準に、その一人の意見がぴったり一致しているならば、一〇人がお手上げです。逆も同じです。その一人の意見がブッダの意見とちょっと合わない場合、「あなたの言うことはブッダの戒律とは合いませんよ」と教えるのです。すると反対した一人は「あ、それはすみません。謝ります」と間違いを認めて賛成するしかなくなります。通る意見は、きまって全員一致なんです。

夢枕 なるほど。意見が分かれたまま、というのはないんですね。

スマナサーラ それは禁止。意見が分かれたまま強引に多数決はやってはいけないんです。

夢枕 そのやり方は、お釈迦様が亡くなったあとも受け継がれているんですか?

スマナサーラ　はい。ずーっといまも。私たち出家組織は続けています。

夢枕　日本でも、アメリカでも、民主主義ではないですよね。形は民主主義に似ていますけど。

スマナサーラ　いまの世界の民主主義は、はっきりいえば暴力主義です。力のある人が勝つという、体ね。「力のある者が勝つ」というのは暴力主義なんです。その「力」というのは、知識であろうが、力であろうが、財力であろうが、数の力であろうが、なんでもいいんですよ。

そうじゃなくて、「意見が正しい人が勝つ」というのは理性主義なんです。民主主義というのは、みんなが理性をもつことなんです。だから、二六〇〇年前のお釈迦様の民主主義でさえも、いまの世の中には、「まだまだ早すぎ！」です。

出家は、ずーっとお釈迦様の民主主義を守っています。やがてそういう理性の世界になったら、「われわれがいち早く社会に教えてあげるぞ！」と思っているでしょうかね（笑）。

＊【サンガ組織】：僧、僧団のこと。もともと「サンガ」という語は「集い、団体、組合」などなにかのグループを意味する言葉。お釈迦様は当時のインドで出家サンガという一般の人々の規範となるモデル集団をつくられた。そのモデル集団は、現代でもスリランカやミャンマーやタイなど、上座仏教を奉ずる国々で息づいている。

裁くことなく、いじめることなく、差別することなく

夢枕　共産主義というのは、歴史的にどうもだめらしいという結論が出たような気がします。では資本主義がいいのかというと、どうもこれもよくわからない。資本主義というのは、資源が無限にあって、

人口が無限にあるという前提でこそ成り立つものだと思うんですね。地球は、有限の果実であって、これは無限の人間では分けられない。で、私は、このあたりで資本主義でもない共産主義でもない新しいなにか、政治システムというか、なにかの国家のシステムをもう一回、だれかが考えて人類に対して提出しないと、そろそろやばい時期なんじゃないかと思っているんです。このままだと世の中がうまくいかないんじゃないか。いま、新しいよりよいシステムが出ると、一〇〇年後ぐらいにはいろんな形で広まってなんとかなるんじゃないかと思う。

でも私は、どんなシステムがいいのか、まったくわからないんですね。何々主義の限界がどうのこうのというよりも、人間自身の限界があって、つまり、この問には正解はないんじゃないかとも思うんですね。

スマナサーラ　いま先生がおっしゃった、まさにそういうことを、ブッダは考えたことがありますよ。

夢枕　どういうふうに、ですか?

スマナサーラ　ブッダは、人を裁くことなく、いじめることなく、差別することなく、いわゆる「ぶったりぶたれたりすることなく、平和に人を統治する方法はないのか」ということを考えたんです。

もともと、お釈迦様は釈迦族の王子で、いわば政治家の後継者でしたからね。当時、あまりにもいろいろな国々で権力者が人々を逮捕したり打ち首にしたり、それはたいへんでした。お金持ちは搾取されますしね。「なんてことだろう」とお釈迦様はお嘆きになって、ぶつ・ぶたれる、いじめる・いじめられることなく、なんとか平和にできないのかとお思いだったんです。

思ったとたん、マーラの神がきてね、「あなたならできますよ。あなたの能力なら!　いかがですか」

と言うんです、悪魔が。悪魔といったって個人の神でマーラという名前までありますからね。お釈迦様は「悪しき者よ、私にはそんな気持ちはありません。出ていきなさい」といって追い出すんですけどね。やっぱりお釈迦様は、いろいろ考えていらしたんですよ。

いかなる政治システムも崩れる

スマナサーラ　実際に、ブッダが政治家・王様などとしゃべる場合は、ある程度、平等で平和なやり方を提案しています。しかし、お釈迦様はその提案が成り立たないことを知っているんです。

夢枕　成り立たない？

スマナサーラ　そう。「どんな政治システムをつくっても崩れますよ」と言っています。

夢枕　それは、人間一人ひとり、人間というものになにかがある、限界があるからなんですか。完全な人間がいないから、それは無理ということ？

スマナサーラ　そうですね、そもそも人間はわがままだからなんです。わがままな気持ちをもったままで政治をやると、自分のほうが力がある場面で、ほんのわずかでもわがままをやってしまう。すると、微妙なところで隣りの、より力がない人のことが崩れちゃうんです。

たとえば、「財産を分けましょう」としたとき、私に力があったとしましょう。「私はリーダーだった。ちょっとだけほかの人より力がある。だから余計にちょうだい」とかね。「じゃあ二円、多くちょうだい」と言ったりします。その二円で、もう一人のもらうべき一円がなくなっちゃうんです。だから崩れます。それで、怒る人が出てきます。

夢枕　では、なにか良い政治システムや考え方はないということですか？

スマナサーラ　そう、ないんです。だから、考えるべきは「このシステムをどう改良するか・改革するか」ということなんです。それが答えです。

夢枕　「このシステム」というのは、民主主義ですか？

スマナサーラ　どんなシステムでもいいんです。仏教の政治論では、王制でも独裁でも、民主主義でも共和主義でも、なんでもいいんです。人間のつくるものだからね。しかし、それを「すべての国民の幸福を目指して、どう運営・管理するのかが問題だ」と、そのポイントを教えています。

不衰退の七つの方法

スマナサーラ　お釈迦様の時代はだいたいが王制でしたから、王たちに言ってます。「あなたたちは、国民の父親でなければいけませんよ。父親らしいことやってください。国民はだれであってもあなたの子どもです」と。そういうふうなら、なにか王制で問題ある点がありますか？　本当にそういう関係なら「こら！　悪いことするなよ！」と、だれかに罰を与えたところで、だれも悔しい気持ちにならないでしょう？

当時、王制でなく、民主主義の国もありました。お釈迦様がいちばん気に入っていた国でしたけどね、ワッジー国という。国会ですべてを決めるんです。お釈迦様がその国に行って「あなた方に、絶対、負けない方法を教えてあげます」といって「不衰退法」、つまり「衰退しない方法」を七つ教えました。

一．国会は、集まる場合は、いっせいに集まってください。いつでも仲良く集まってずっと納得するまで話し合って、仲良く別れてください。

二．議論は国会の中でだけ。そこで決めたら、ちゃんと守る。議論が終わったあとから裏でがちゃがちゃと話すのは禁止。

三．いったん決めたらみんなでそれを法律として守る。異論があったら議会の中で話し合う。

四．人々の伝統的な信仰、祈りなどを壊さないで守ること（現代的にいえば個人の信仰の自由を守る）。

五．女性の気持ちに反して権力、財力などを使用して強引に娶《めと》ることをやめる（男女平等であるべき）。

六．目上の人、長老たち、経験者たちの意見に耳を傾けること（権力者はわがまま好き勝手に活動してはならない。新しいことに挑戦することになっても、先輩の意見を聞くことが危機管理になります。現代社会の政治経済システムでは危機管理はないのです）。

七．世間との関わりを絶って、心を清らかにするために修行する人々を尊敬して面倒をみる（経済的豊かさだけで人は幸福にならない。心の安らぎ、精神的な豊かさも必要です。それは心を清らかにする修行者たちが慈しみをもってみなに教えるのです）。

不衰退の七つのポイントは、現代でも考えられない側面まで考えて説かれているのです。

夢枕　これは、このまま現代にもあてはまる考え方ですね。そんなにむかしから、こんなによい教えが説かれているというのに、人間自身はあまり進歩していないんですね。

第三部

無常と空

第一章

自爆する般若心経

般若心経への二つのスタンス

夢枕　私は、今回ぜひ、うかがおうと思っていたことに「般若心経」のことがあります。般若心経って日本人の大好きなお経で、解説書もたくさん出ています。で、私自身、やっぱりすごく心を惹かれて本も出しているんですけど、「般若心経」に対しては、まだ、わかったような、わからないようなところがあるんです。

スマナサーラ　これは先生の本*ですか？

夢枕　はい。「般若心経」の本ですけど、私は文学的な、戯曲みたいな形で書きました。それに私が撮った写真を合わせたものです。

般若心経に対するお考えを直接、聞かせていただきたいと思うんですが。

スマナサーラ　私も般若心経の本を出しました。しかしそのタイトルはみなに冒涜だと思われる『般若心経は間違い？』（宝島社新書）というものです。書いてこの日本で出してみたんですよ。「般若心経、あれは間違いです。なにか文句ありますか？」と言ってね。でも、だれも文句を言いませんでした。読んでないのかもしれないです。文句がないのは、反論がないか、読んでないか、どちらかはわかりませんけどね（笑）。

夢枕 その、「間違い」というのは、どこのどういうところが？

スマナサーラ 本には一部しか書いていませんけど、まあ、ぜんぶ間違いです。

夢枕 訳が間違っている、解釈が間違っているということですか？

スマナサーラ いいえ、般若心経そのものが。サンスクリット語の文章を見ながら検証しました。その結果、言えることです。

でも私は、この本を書きたくて書いたんじゃないんですよ。出版社の人が「どうしても書いてくれ」というので嫌々賛成したんです。「私は人を批判するのは嫌だ」と言ったんです。「とくべつな信仰を批判するのは仏教的じゃない」とね。でも書くことになって、書いてしまったんです。期待したんですよ。「あっちこっちから、強烈なスマナサーラ・バッシングがくるでしょう」とね。結局、みんな黙っただけでした。

＊『聖玻璃の山　「般若心経」を旅する』（小学館文庫）

巨大なる「空」

夢枕 私は「般若心経」を戯曲風に一冊にまとめたんですけど、そんな本を出すくらい、日本人の一人として般若心経は、やっぱりいちばん好きといえば好きですね。

ただ、心情的にいうと「空《くう》」という言葉が大きすぎちゃって、「空」ひとつがあることで般若心経のいろんなものを飲み込んじゃっているんじゃないかと思うんですね。

しかし、結局、最後に「空」というのがあるから惹かれるんだろうと思います。この世の中のいろんなものが「空」であるといわれている部分がいちばん自分の中の深い部分でなにかシンクロするんですよね。そこに尽きちゃうような気がします。

ただ、「空」というのがなにかというところで、よくわからない部分が出てきちゃう。その、よくわからないところも「空」という言葉が飲み込んでくれるというところで、日本人の般若心経感というのはできてるような気がするんですけれども。

スマナサーラ　「空」の思想に惹かれることは心が穏やかになる、たいへん立派なことです。ブッダの真理を集約すると「空」という言葉で表せます。しかしあの経典は、一般の方々がなんとなく神秘的というか信仰的というか、「ありがたい」というところで終わるようになっています。

「空」という言葉に惹かれるといっても、「空とはなにか」を説明していないんですね。言葉だけを言って逃げるということは、知識人はやりません。責任をもって「こういうふうに理解する必要があります」と説明する義務があるのに、それはその経典では抜けています。

無意味な言葉はブッダなら使いません。かならず相手にきちんと理解してほしいと思って、そのための説明をします。「空」という言葉はブッダの言葉なんです。でも、その本来の意味とは別に、ブッダの言ったことがわからなかった人が、あの経典をつくっちゃったんですね。

夢枕　「空」というのは訳として適切なんですか？　もともとの経典の言葉として。それとも「空」という漢字が誤解のもとなのか……。

般若心経は破綻している

スマナサーラ　サンスクリット語の「シューニャ」を「空」と訳するのは問題はありません。訳がどうこうではなく、般若心経は「空」からはじめて次に「無」に飛んじゃうでしょう。なぜ「無」に飛び出したのかということに関しては、なにも書いていない。説明していないんです。

「空」っていうのは論理的・哲学的に成り立つもので、「無」というのは、あるかないかというだけのことで、その二つはまったく別のものです。「空」は、あるかないかの問題じゃないんです。「どのようにあるか」「あるとはなにや」ということなんです。

「あるとはなにや」といって「ない」というところに飛び出すというのは「基本的な論理がなってない」ということです。論理学として成り立っていない。

インドにだって、ものごとを言う場合の決まりはありますけど、それすらもない人が書いたものなんですね。それで「空」から「無」に飛んで、なんでも否定しちゃって、最後に呪文をもってくるんです。「どこまでアホか」という感じですよ。

夢枕　そうですね。「般若心経」は最後にマントラになりますよね。

スマナサーラ　「無」だったら、なにもないでしょう。なぜそのあとにマントラがくるんでしょうか。

まったく論理的じゃない。「いい加減にしましょう」という感じです。

「空」とは

スマナサーラ　サンユッタニカーヤ（相応部経典）の六処編に『空経』という経典があります。アーナンダ尊者がお釈迦様にこのように質問します。「尊師、世は空である、世は空である、と説かれていますが、いかにして世は空であるのですか」。

お釈迦様の答えを要約します。（変わらぬ）実体ではない、実体によって成り立っているものでもないから、世は空であるというのです。実体とは永遠不滅のなにかがあるという考えです。一切の現象はうたかたにたとえてあるのです。取るのも、取られるのも、成り立たないのです。その経典でさらに詳しく色受想行識、眼耳鼻舌身意、色声香味触法、視覚、聴覚……意識、などのすべてが「空」だと説くのです。要するに存在というものは、一切、うたかたのように実体のない現象であるということです。

前面で前提的に「一切は空だ」と説くのではありません。「空」という概念を使う理由を説明してから、使うのです。ここで例を使って説明します。「私は花を見ています」。このように言う場合は一．私、二．花、三．見る、という三つで成り立っています。私といっても、目が感じているだけのことです。目が感じたということは、入った情報によって目が変わったということです。花を見るということはそこから情報が流れたということです。見ているということは、目に起きた感覚を「意」で合成して概念をつくっているということです。複雑な組み合わせで「花を見る」という俗世間の考えが起きますが、その実感をつくった原因は、すべて無常で変わるものです。

無常で変わるものに基づいて、「私」という実感が生まれますが、「私」という永遠の不滅で変わらない実体は成り立ちません。原因が無常なら、その原因が引き起こした「果」も無常なのです。このように観察すると「無常ならざるもの（空ならざるもの）はあり得ない」と成り立ちます。

この真理を、コマーシャル風のコピーにすれば「一切皆空」と言えますが、コピーを読んだら理解できなくなるに決まっているのです。または誤解してしまいます。般若心経はたとえていえば、大学の博士課程の研究生が研究の過程をなにも説明しないで、Ａ４の紙一枚に結論だけ書いて卒業論文として提出するようなものです。見事に落第になると思います。私の示す般若心経の問題はそれだけではないのです。結論だけ提出しても、その結論さえも矛盾に富んでいることはいちばん気になるポイントです。

りんごは果物。果物はりんご？

スマナサーラ　実体がない。実体がないゆえに「空」であるというのは、しっかりした理論なんです。批判したい人にも批判できるし、理解したい人にも理解できるし、一般の知識人に向かってしゃべることのできることとです。それは「色即是空」と書くんです。そこまでは正しいんですよ。「色」は「空」だとお釈迦様はおっしゃったんだから。しかし、「空即是色」ってなんですか？　となるんです。
夢枕　「色即是空」をひっくり返しただけですよね。
スマナサーラ　ものごとを知ってる人だったら、ひっくり返せないんですよ。りんごを「これは果物です」とは言えても、果物を「これはりんごです」とは言えないでしょう？

夢枕　それはひっくり返せないです。

スマナサーラ　でしょう？　でも堂々とひっくり返しているんです。

「空」とは体験

スマナサーラ　それから、「空」というのは体験するものなんですよ。「自我がない」ということはね。それを体験するには方法があって、なにもしないでただ単に体験できるわけではないんですね。子どもに「パリはすごい街だよ」と言ってもパリを経験したことにならないし、あるいは知ったことにもならない。パリを見学させてあげれば、その子どもに「君に教えてあげる。パリとはすごい街です」と言う必要さえもないと思います。般若心経は「一切皆空」というならば、それを理解する、経験する方法も説かなくてはならないのです。それが常識ですけど般若心経の作者は忘れているのです。

作者よ、あなたは何者か

スマナサーラ　しかも、この人は「苦集滅道」までも無い、と言う。いきなり「無い、無い」とすべてのブッダの教えを否定するんです。「空」の思想の裏付けである因果法則も否定するんです。「無い、無い、無い」。無明から生老病死まで無い、と言い切るんですよ。

夢枕　そうですよね。

スマナサーラ　「そんなことを言うあなたは何者か」と、聞きたいですよ。「無い」なんて言ってそれから「偉大なる呪文である」と呪文をもってくる。あの呪文だって、いんちきもいいところ。「ガテーガテーパーラガテー、パーラサンガテーボーディスヴァーハー」って、あれってなんですかね。「ガテーガテー」っていうのは「行ってしまった、行ってしまった」ということでね。

夢枕　訳はそういうふうに付いていますよね。意味がよくわからないんですけど。

スマナサーラ　だから最初は「行って、行ってしまった」。ボーディは「悟り」のことでスヴァーハーっていうのはほとんどの呪文に入る、呪文を終了する単語です。ピリオドです。キリスト教のアーメンみたいなものです。

般若心経は、いってみれば「どこまでだれを馬鹿にしているんだ！」というようなお経なんです。みんな、わからないことでありがたがっちゃってますから、だれもかれもが馬鹿にされていることになりますけどね。

夢枕　なるほど。じゃあ「色即是空」まではオッケー？

スマナサーラ　オッケー。

夢枕　そのあとがひっくり返したり、それから「空」と言っていたのが「無」になっちゃうところがおかしいというお話ですよね。「色即是空」だけなら……

スマナサーラ　それはブッダの教え。

夢枕　ブッダの教えなんですね。なるほど。その後がよろしくないというわけですね。これは、日本人にとってはカルチャーショックに近いものがありますね。私はびっくりしました。しかし、おっしゃるところはよくわかります。「無」への転換のところあたりをもう一回、じっくり読み返してみます。私はいますごく新鮮な感じで、般若心経を読み返す楽しみができました。

第二章

読むべき仏教書

ブッダの言葉

夢枕 そうすると、読むべき経典というのはなにになりますか。

スマナサーラ お釈迦様が説かれた経典は読んでください。それはもう「ブッダ」ですからね。

中村元先生をはじめ、いろいろな先生方が、みんな真剣に一生懸命、翻訳してますからね。増谷文雄先生とか梶山雄一先生、片山一良先生ですとかね。

片山先生は、経典にたいへん忠実に日本語に訳出されてますね。パーリ語に忠実になろうとすると日本語の文体がちょっとかたくなるんです。だから、美しい日本語で書かれた文学作品というわけではありませんね。中村先生はかなりの天才。読者には外国語から翻訳されたものだと感じさせないようにしています。

「ブッダ最後の旅」「ブッダの言葉―スッタニパータ」「ブッダ真理のことば　感興のことば」「ブッダ

神々との対話」「ブッダ悪魔との対話」などの岩波文庫シリーズがありますね。あとは「仏弟子の告白」「尼僧の告白」、テーラガーターとテーリーガーター、お釈迦様の弟子の言葉ですね。これも岩波文庫にあります。

夢枕　岩波のシリーズはだいたい持っていますね。とはいっても、小説に書くときに拾い読みしていることがほとんどで、通し読みしているのは短いものだけですけど。

スマナサーラ　ブッダのお話は面白いことに、基本的に短いのです。短い経典でも真理を完成して語っているのです。もう言い残しはないのです。四行の教えであっても教示したいポイントを完成させるんですよ。

告白シリーズは悟りに達した方々が実際にうたった詩です。「真理の言葉」などは、ブッダが直々に語られた真理を明かす詩です。ブッダの言葉を読んでみると生きていたブッダに直々に会って話を聞いているような気がするはずです。

龍樹に欠けたもの

スマナサーラ　ですが、大乗経典ではブッダに出会えません。ブッダと悟りに達した弟子たちの言葉ではなく、菩薩だと称する架空の人物に語らせている経典が多いのです。ハリーポッターの世界に似ている気もします（笑）。

夢枕　大乗というのはもう、ほとんどすべてだめですか。

スマナサーラ　そんな断言的には言えないです。けっこう内容のあるものもありますよ。龍樹の「空」の解説などはけっこう進んでいるし、かなりいいものですよ。でも、私はけちをつけますけどね。

夢枕　龍樹にけちをつけるんですか。

スマナサーラ　けっこうつけます。彼は完璧に哲学体系をつくりましたが、実践の必要性を重視しなかったのです。空性は頭で理解できます。しかし、それだけで十分とはいえないのです。頭で理解できても一切現象は空性であることを経験しない限りは、人は現象に実体があると思って生活するのです。欲、怒り、嫉妬、傲慢、自我などの執着にとらわれるのです。教えを完成するためには実践論も必要なのです。龍樹の理論によると、実践する人も、実践しない人も、両方成り立たないのです。後にこの欠点が大きな問題になったと思います。

第三章

あえて「無常」を説く

諸行無常をわかっているか？

夢枕　さっきの五蘊《ごうん》もそうですが、仏教がこの世でいちばん最初に「ものをどう認識するか」、心の仕組みなどをきちんと考えていた。その意義はものすごく大きいと思いますね。

スマナサーラ　知識人には「認識」の問題から話し始めて真理を説明する。お百姓さんやら労働者の人々には、「どう生きるべきか」ということを教えて真理の発見に導く。仏説は、この二本足で立っているのです。

夢枕　どんな人でも「諸行無常」という考え方は基本的にわかりますよね。世界共通して。

スマナサーラ　それがとても面白いところです。諸行無常は世界共通してよくわかっていることだと思ってしまうのです。それなのにブッダは「無常」はご自分が発見した真理だと説くのです。みんなわかっていることなのになぜブッダがわざと発見したと言う必要があったのでしょうか。普遍的な真理ですけど、もしかするとみんながわかっていないかもしれません。

夢枕　でも、「形あるものはすべてかならず壊れていくんだ」という話は、だいたい理解できます。

スマナサーラ　「理解しているつもりだ」と言ったほうがいいような気がします。

夢枕　そうですか。

無常は知識ではない

スマナサーラ　ブッダが言うのは、「諸行無常であると智慧によって知る人は、それによって一切の苦しみを乗り越えて悟りに達するんだ」ということです。でも、「諸行無常」という言葉はみんな知っていても、だれも悟っている、苦しみを乗りこえているとは思わないのです。

夢枕　それは、もちろん悟ってないですよ。「形あるものはかならず壊れる」、それはわかりますが、そのあとがどうしたらいいのかがわからないんですよ。

スマナサーラ　「智慧によって知る」という言葉がポイントです。ブッダの言葉を聞く人々は「智慧によって」というフレーズを飛ばして知ることにするのです。それは知識として、一つの情報として知ることです。なにかを知った、知識があるということはその人の人生をかならず改良するものではありません。では、ちょっと先生に質問します。

「形あるものは、なんでもかならず壊れると知っています！」と、自信を持って言える人がいるとしましょう。しかしなぜ、その人はお父さんやお母さん、愛する人々が亡くなると、悩み悲しむんですか？

夢枕　それはやっぱり……、みんな悲しむと思いますよ。私も悲しむと思います。

スマナサーラ　なぜ、悲しむと思われますか。

夢枕　それは、頭ではいくらわかっていても悲しいことなんですよ。

スマナサーラ　まさにそこです。わかっていても、親に死んでほしくないんです。

夢枕　そうです、そうです。親が死ぬのは悲しい。死んでほしくない。みんなそうだと思います。

スマナサーラ　だから「無常がわかる」と、世間の人は自信をもって言っていますが自分の周りに無常の現象が起きるとそれを受け入れがたく、悩み悲しむのです。言い換えれば、無常に反対なのです。悪いものなら無常になって早く消えてほしい、良いものなら無常に逆らってあり続けてほしい、という気持ちを心の底で正直にもちつつ、「形あるものはすべてかならず壊れる」と認めることはブッダが説く「智慧によって知る」ことではないのです。

悲しみの生まれない境地

スマナサーラ　自分が安全でいる場合は、「そうですね、形あるものはかならず壊れますねえ」と、いくらでも言えます。他人の壺が壊れた場合は、そんなふうに言えるんです。だけど自分の家の壺が割れたら、「どういうことだ、これは！」と悲しんだり怒ったりするでしょう。

夢枕　高い壺だとよけい悲しいですよね。

スマナサーラ　そうでしょう？　そこなんです、ポイントは。

夢枕　たとえば、自分の好きな人が死んだときに、「諸行無常だから」といって悲しみを消すことができるというのは、ひじょうにレベルの高い場所にいる方という感じで、とてもその心境にはいたれません。

スマナサーラ　ふつうはそのとおりだと思います。しかし「諸行無常」と智慧によって知っている人には、そもそも悲しみが生まれませんというのは、ブッダのスタンスです。

第四章

親子の別れ

親孝行はいまこの瞬間

スマナサーラ　人は「老いるわけじゃない、病気になるわけじゃない、死ぬわけじゃない」と思って親のことを無視して生活する。しかしわが親も無常なのです。病気で倒れたり、老いて寝たきりになったり、また亡くなってしまったりすると悲しむのです。なにもしてあげることはできなかった、親孝行できなかったと、悩むのです。真理として心の底から「諸行無常」であることを知っている人に限って親孝行は後回しにできるものではないのです。親の面倒をみます。

夢枕　日本のことわざに「親孝行したいときには親はなし」というのがありますが、だれだって親孝行が大事とは思っている。しかし、親が死んだときに、だれもがああしておけばよかった、こうしておけばよかったと後悔しますね。

スマナサーラ　親孝行は現代人の必修科目になっていないのです。遅くなってから、大人になってからそれに気づくのです。それから自分の主観でよいと思うことを親にしてあげようとします。親が断ります。これは世の親の業でしょうかねぇ（笑）。

親はかつて自分の主観でよいと思ったことを子どもにしてきたのです。子どもは嫌々ながら従うはめになったのです。自分の気持ちを主張するとまずいことになったのです。時がたち子どもは大人になって、親は老人になる。一人前のバリバリの社会人である子どもは自分の主観でよいと思うことを親にしてあげようとする。親が親孝行を拒否することになる。

たとえば親に田舎の家を処分して東京のマンションで住んでもらおうと頼むとします。七〇歳、八〇歳になるまで住んでいた環境を捨てて、知り合いが一人もいない環境で、狭いところで生活することは老人にとってはこのうえのない苦痛です。子どもには忙しい仕事があり、自分の子どもの教育のこともあり、田舎に帰って親の面倒をみることは無理な話です。それでも親が病気になったら、寝たきりになったらたいへんだと心配もする。自分のところで一緒に住むならば親孝行ができる。これでは話はうまく合わなくなるのです。若いときから苦労した親が最後にも苦労するべきか、仕事が忙しくて苦労している子どもが田舎に行ったり来たりすることでさらに苦労するべきか、です。親孝行はうまくいかないということは、よくある話です。

親孝行とは親が老人になってからするものだと思っていることに問題があります。実は親孝行とは一生行うべき義務なのです。そのように思うと、さまざまな形の親孝行のやり方が現れてくると思います。

母の危篤

夢枕　長老は、ご自分のご両親が亡くなったときにはどのように感じましたか。

スマナサーラ　とうぜん楽しくはなかったですよ。

私は一三歳で出家してから一度ももどったことがなかったんですけど。

夢枕　え？　一度ももどらなかったんですか。

スマナサーラ　ええ。出家してから母親の作ったご飯を食べたことはないんです。しかし、不思議なもので母親の最期に面倒をみたのは私なんです。母親が亡くなったとき、親戚やらお父さんやらは、かちっと身体が止まったように身動きがとれなくなってしまってね。私には兄弟がいるんですが、彼らは自分の悲しみで手いっぱいでなにもできなかった。

亡くなる前、危篤状態だという連絡が入ったとき、私は学校で教えていました。兄貴から電話があって「お母さんが危篤だ」と言うんですけど、兄貴もその時点でもう動揺していてうまくしゃべれないんです。なので「兄貴！いまどこから電話してる？」とすかさず聞いて「お寺から」と言うので「だったらお坊さんに、お経をあげてくださいと頼んでください」と指示しました。「お坊さんにいますぐ言ってください」と厳しい言い方で。

兄貴とお坊さんは旧知の仲ですから、お坊さんはすぐに何人かで家に行ってくれて、さっさとお経をあげてくれました。

私は兄貴に指示してなんのことなく受話器を置いて授業にもどりました。にこにこと授業の続きをしたんです。母が危篤状態だという電話がきたけれど、生徒たちにそれを言って大騒ぎはさせたくないと思いました。すごく冷静でした。

心の中には、そりゃありますよ。しかし、母の危篤をひとまず置いておいて、いかに電話に出る前とつなげて明るくふざけながら授業をできるのか、ということを考えたんです。それができれば「俺って捨てたもんじゃないよな」というふうに考える。それが仏教の世界なんです。

このときに悲しみに陥ったら、ろくでもない人間です。母の危篤がわかっていながら、生徒に明るく対峙して授業を続ける。それが自分への挑戦というか、自分の修行、自分試しなんです。それは親不幸というわけじゃないんです。

母の死に際して

スマナサーラ　そして、授業終了五分前にまた電話がくるんです。そのときには、もうなにが起きたかわかっています。

電話に出ると案の定、「亡くなった」と、兄貴が言うんです。でも、私はなによりも先に「あなた、私が言ったとおりにお坊さんを家に連れていったんですか?」と、そこを気にしました。すると兄が「あ、連れていった。そしてあなたが言うよりももっと、すごく真剣にあちこちからお坊さんを連れて行って、お経をあげて母親に最後に話しかけてあげていました」と言うんです。だから「あ、私が望んだよりももっと手厚くお坊さんたちが一生懸命やってくれたんだ、よかった」と安心できたんです。それで、私もちゃんと責任を果たしていることになります。

授業を終えてから、私は学校にはなにも言わないで、さっとバスに乗って村に向かいました。道中、葬儀屋さんのこととか、やるべきことはぜんぶ心の中で整理して準備しながら、そのまま家ではなくてお寺に行ったんです。

お寺では、村のできごとですからみんながもう知ってますから、「どうですかね」とか聞いてきます。「じゃあ、葬儀はどうしましょうか、いつやりましょうか」と、椅子を並べて葬儀の打ち合わせをしました。そうしているともう一人お坊さんがきて、「あんた、家に行かないの?」って聞くんですよね。

夢枕　結局、行かなかったんですか。

スマナサーラ　最後には行きましたよ。ぜんぶ葬儀の準備やらお坊さんたちのお布施のことやら、すべて手はずを整えてから家に行ったんです。

出家して残念だったこと

夢枕　私は一〇年近く前に、父が亡くなったんですけれども。父の場合はあらかじめ癌で助からないことがわかっていたので、突然死んだわけではなく、心の準備は多少あったんです。あったんですけど、やはり「悲しい」という思いは取り去ることはできませんでしたね。

スマナサーラ　私の場合は、やるべきことをやって悲しみを乗り越えたんです。

夢枕　私の場合も、父親が死んだときにはやはり仕事などいろいろなことがありましたから、忙しかったです。仕事はきちんとこなして、そのうえで葬儀の準備などをきちんとやらなければいけないということで、たいへんなぶん、むしろ「仕事があってよかったな」という感じでした。仕事とか葬儀の準備があることによって、自分の悲しんでいる時間が少なくてすんだというような……。

そのときは「諸行無常」ということよりは、仕事によって助けられたみたいなところがありましたね。

スマナサーラ　そのあたりは、先生方の世界と私たちとで微妙にちがうところですね。先生方の場合は、仕事もあって忙しいから「泣いている場合じゃない」と思うんですね。しかし、私たちの場合は、「仕事があってとんでもない！」と残念に思うんですね。

私は出家について、とくべつ悲しいと思ったりしたことはなかったんですけど、母親の死に際して母親の面倒がみられなかったのは残念でした。出家した以上、もう在家に入ってはいけないし、とくに母親は女性だから身体をいろいろ触ってお世話をするのは禁止なんです。母親の面倒は、妹などに頼まなくていけません。

しかし、自分を生んで育ててくれた母親ですからね、私も顔を洗ってあげたいんですよ。髪の毛を整えたり、ベッドから抱き起こしてあげたりしたい。でも、できない。もう本当に「悔しい」と思いました。

夢枕　それはそうですよねえ。私の場合は、母はまだ元気で、父だけが先に逝っちゃったんですけど、父の場合は自宅で介護していたので、私の仕事は家でもできるので、父と同じ部屋で寝泊まりしながら原稿を書いていたんですが最後の時間は一緒に過ごせました。それは親孝行というのとはちがうかもしれませんが、とにかく「最後は一緒に居られたな」と実感できました。

短い時間を仲良く生きる

夢枕　子どもはどうなんですか。子どもに対しては余計なおせっかいはしないほうがいいですか。うちは娘が二人いるんですが、親ってなにかと子どもにちょっかいをかけるじゃないですか。私は家族の中に自分の親もいるし子どももいるんですけど、どちらかというと親より子どものほうに自分の気持ちが向いているようですね。自分のことより子どもに夢中になっている親もいますが、子どもは、ほんとは放っとくほうがいいんですか。

スマナサーラ　まあ、放っておくのがいちばんいいんですけど、親が好き勝手にしてても、大きくなって親を愛してくれるならそれは「躾がよかった」ということになるし、大きくなって「できるだけ親から離れたい、離れたい。一人になりたい」というふうになるなら、なにかどこかで問題があったってことになるわけですけどね。

やっぱり、人間というのはどこまででも仲良くしたほうが良いですよ。だから、つねに「仲良くいる」ことを心がけるようにしていけば良いと思いますよ。親とも、子どもともね。短い人生でしょう？

この世の中で、そんなに長くは生きられません。せいぜい八〇年くらい。

夢枕　長くても九〇年くらい。

スマナサーラ　そのなかで、最後はどうにもならない時期でしょう？　八〇歳で倒れて、そのあと「自分がいる」ということもわからない状態になったら、ベッドの上でそのあと何年生きても、実際の人生は倒れるところまでということになるし、短い時間なんですよ。しかも、小さいころから二〇歳くらいまでは、あまりに暴れちゃったりしてなにをやっていたか覚えてなかったりするしね。

だからわれわれは、しっかり生きるのは短い時間なんです。その短いあいだでみな仲良く生きるしかないのです。

第四部

生命の葛藤

第一章

慈しみと探究心の相克

「なぜ、釣りをするのか？」

夢枕　私は釣りが好きなんです。殺生のことなんで、こんなにストレートにお話ししてよいものかとも思うのですが。とにかく好きで、子どものころからずっと釣りをやってきています。

いろいろなところから「どうして、そんなに釣りが好きなのか」とインタビューを受けることがあります。でも、なぜするのか、なぜ好きなのか、自分では考えてもわからないんですよ。「好きだから好き」みたいな感じで。

「なぜ、釣りをするのか」という質問は私にとっては、「なぜ、食事をするのか」と聞かれるのとひじょうに近いんです。食事をしないと生きてはいけないじゃないですか。食事がおいしいとかおいしくないという次元の問題ではないですよね。

私はそれと同じように、楽しくなくても釣りに行くときがあるんです。やむにやまれず、とにかく釣りに行きたくて行くときもあります。なぜ、行くのか？　それは「なぜ、生きるのか」という質問にちょっと近い感じで答えがないんです。しいて言うなら「好きだから」という答えしかない。

仕事が忙しくて大変で、行っても眠いし辛いのはわかっていても行ってしまう。なんでこんなに釣りが好きなのか、やらずにいられないのか、こっちが教えてほしいくらいだと思うほど、とにかく行ってしまうんですね。だから、インタビューでも答えようがないんですよ。釣り以外のことだと多少は好きな理由はありますけど、釣りは、好きな理由がわからない。

わくわくの原風景

夢枕　初めて釣りに行ったのはたぶん六歳くらいのときだったと思います。おやじが釣りが大好きだったんで、いつも一緒に行っていました。一緒に行くと、子どもだから水の中で遊んで、水をかき回したりするんですね。そうするとおやじが釣れない。だから、「しょうがないから」っていうので小さい竹の竿を買ってくれて、「これであっちで釣ってなさい」って言われて。それからは水の中で遊ばないで竿で遊んだ、それが釣り好きになったきっかけなんです。好きになっちゃったんですよね。

スマナサーラ　お話を聞いていて、いま思い浮かんだことなんですけど。われわれは小さいときから「なにか良いことがあるんじゃないかな」という、わくわくした気持ちというのか、なんとなくの期待感があるんですね。

私は釣りはやったことがないですけど、子どもたちと藪《やぶ》に入ったりすると、感じることがあります。

子どもたちは、なにかはわからないんですけど探しているんです。なにを探しているのかわからないまま、なにか探している。

ちょっと花を拾っただけでも、落ちている実を拾っただけでも、すごくうれしくなっちゃう。私の国は熱帯ですからどんな木になっている実でも食べられるし、藪の中に行けば食べられるものはいっぱいあって、別に珍しくはないんですけどね。たとえば、蜜が吸える花なんかが見つかると「見つけた！」とばかりにすごく喜んで、お腹が空いているわけじゃないんだけどみんなで吸ったりしてね。

あるいは、食べられる花もあって、ちょっと酸っぱい味ですが、見つけたら「ほら、食べられるよ、あなたもどう？」なんていって、みんなでちょこっとずつかじったりする。だから、なにか見つかる。見つける。そのために探検するんです。

体験は心の中で

スマナサーラ　「良いことがあるんじゃないかと、なにかを探す」、それは人生論でもあります。われわれがなぜ神を信じるか、なぜお祈りをするか、なぜなにかをするのかというと、やっぱり「なにか良いことがあるかな」という期待感があるんですよ。だから、なにも良いことがなかったら、「きょうはあんまりツイてないな」となるし、もしなにか良いことがあったら、喜んじゃいます。

だから魚を釣る人は、魚が釣れるかどうかわからないから、釣れたらさぞ楽しいんだろうなと思いますよ。

夢枕　たしかに、釣っていると魚がかかりますけど、かかるときまではかかるかどうかはわからないですよね。だから、かかるまで心の中でいろんなことを考えるんですね。

釣りをやらない人は、「釣りってのんびりしてていいね」と言うんですけど、実際に釣りをやっているときは心の中でいろんなことを考えています。「ここにいなければ、あっちならいるのかなにを考えているんだろうな」「ここには魚はいないんじゃないかな」「釣れないのはきょう、着てきたものが悪いんじゃないかな」、そういういろんなことを考えているその瞬間、瞬間に「一秒後には釣れるかもしれない」という期待感がつねに存在しています、たしかに。

もしかしたら、その心の中の動きが楽しいんですね、きっと。

宇宙との一体感

スマナサーラ　だから、先生が釣りに惹かれるのは、「人生にはなにか良いことがある！」という精神じゃないかと勝手に思いますけどね。「見つけたら楽しい！」というね。

夢枕　そうですね。釣れた瞬間って、大げさなことを言うと「宇宙との一体感」みたいなものがありますね。すごく辛いこととか悲しいこととかいろんなことを、魚が釣れた瞬間はぜんぶ忘れてます。人間はみんな、辛いことも悲しいこともあるはずですけど、そういうのがぜんぶ関係なくなる。魚がかかった瞬間、釣った人は、いままでいた場所ではない、別の場所に立っているんですよ。

それまではいろいろなことを考えていますが、釣れたときには宇宙がひっくり返って、別の光を放っている感じです。そうですね、釣れない時間って本当に「未来になにがあるかわからない」「良いことがあるかもしれない」ということの連続を楽しんでいる感じですね。

たしかに、期待感ですね。ですから、たくさん釣れるとつまらないんですよ。「こうやればかならず釣れる」とわかっていると面白くないんですよ。釣れない時間があるから、釣れる時間が楽しいんですよね。釣れない時間もぜんぶ含めて、釣りということが楽しいんです。

なんだか、釣りにどうして惹かれるのかが、まとまった感じです。

メダカの心

スマナサーラ　私たちは釣りはやったことがないしね。殺生ですからね。子どものころでも母は厳しかったしね。メダカっていますよね。われわれの自然いっぱいの時代には、どこにでも大量にいました。きれいですよね、ちっちゃなメダカは。金色がちょこっとあったりしてキラキラしていて。子どもは獲りたいんですよ。別に殺したくはないんです。獲ってボトルなんかに入れて自分の物にしたいんですね。母はそれにすごく怒りました。

夢枕　じゃあ「すぐ、逃がしてきなさい」という感じですか。

スマナサーラ　獲ることさえもさせないんです。「おまえ、考えてみなさい。家族の中からだれか一人連れていかれたらどう思いますか？　おまえだけ連れていかれたらどう思いますか？　この子たちを親の群れのところにいさせてあげなさい」と言うんです。そう言われると、自分のことのように感じられちゃうんですね。

メダカのお母さんがいて、お母さんのうしろに子どもがいっぱいいると、子どもを獲ることになる。「ああ、もし、母を獲ってしまったら子どもはいかに悲しくなることだろう。もし子を獲ってしまったら、母はどれほど悲しくなるだろう」。それが自分のこととして感じられるのです。もし、お母さんがだれかに連れていかれてしまったら……、もし、家族の中で自分だけ連れていかれてしまったら……。母親に言われると、いつもそうなっちゃいます。それで、獲ったりできなくなるんです。

生命は恐怖を感じる

夢枕 私もよく釣りをしているときに、そういうことは考えますね。「魚は痛いんじゃないか」とか、「魚にも生活があって、きれいなところで生活しているのに、釣られて水槽で飼われて楽しくないんじゃないか」ということを考えたり、いまも考えたりするんですけど。

「魚は痛みを感じない」と書いてある本が実際にあったんですけど、そういうのを読むと少しだけ安心するんです。「あ、魚は痛みを感じないのか。そうか」とね。でもすぐに、「本当に魚に聞いたのか?おまえ」と思うんですね。

スマナサーラ それはおかしいですよ。「痛みを感じない」ことを言うのはね。

生命はみな、自分の命を守るために必死なんです。痛みは感じなくても、強烈な恐怖を感じていますよ。だって、殺されるんだから。

だから、それくらい生命に恐怖感を与えておいて自分が喜んだということは、ヒトラーのやることよりも恐ろしいことだと言えるんです。仏教は「そういう遊びをやってはいけない。健康にも悪い」とはっきり言っています。

生命はみな同じ

スマナサーラ　先生は子どものときの思い出もあって釣りをやっていらして、それを言うのは申し訳ないですけどね、でもね、健康には悪いんですよ。健康が壊れていきます。だから、それよりは生命を愛情でみたほうがいいと思いますね。

私は、魚だけではなくてどんな生命でも「おまえと私は一緒だ」という愛情でみることにしています。怒ったりもしますよ。「まったく邪魔ばっかりしやがって」とかね。しかし対等だから、すっごく楽しいんです。

夢枕　私は見るのも楽しいんですけど、釣るのがいちばん楽しいですね、魚は。だから自分の中に「命に対して申し訳ない」という気持ちと、せめぎ合うものはあります。なかなか罪深い遊びだなという自覚はありますね。

第二章

対等な生命

魚と口喧嘩

スマナサーラ　このあいだ、沖縄ではじめてマナティを見てね。母親と娘さんの二人が寝ていたんですけど、私が行ったら、娘さんのマナティが私のところへ来てじーっと私を見てね。「あ、この子、私になにか話している。挨拶しているんだ」という感じがしてしょうがなかったです。顔を近づけて私のほうをずーっと見ているんですね。

マナティってなんとなく人間の顔に似ていますからね。楽しかったんです。聞こえるかどうかわかりませんけど、私も「元気ですか」とか、あれやこれや他愛もないことをしゃべっていました。やっぱりそういうふうに生命をみることが私の趣味なんですね。

だから魚とも喧嘩する。国のお寺にも魚がいるんですけど、喧嘩します。

夢枕　どんなふうに喧嘩するんですか。

スマナサーラ　ただの口喧嘩ですけどね。そいつらもすごく私にいたずらするんですね。むかしはすごく仲良しの魚がいたんです。私を見ただけで興奮しちゃって遊びたくなるんです。どれほど興奮するかというと、けっこう大きな魚だったんですけど、水の上に抱き上げても、気分が良いらしくてしばらく平気でいたりするんです。で、遊び足りないときは、私が離れようと歩くと、その魚がどんと飛び上がって砂利の上に落ちちゃうんです。だから心配になります。それくらい仲良しでした。

生命との情交

スマナサーラ　私は、その魚が死んでからは「もう絶対、お寺で魚は飼いません」と弟子たちに言ったくらい悲しかったんです。もう寿命で、おそらく二〇年以上、長生きしたと思います。

最後の最後に面倒をみることができなかったことが悲しいんですね。ちょっと見たときに、かなり瘦せていたんです。「ああ、歳をとっているな」と思って、もっとケアしてあげなくちゃいけないなと思ったんですけどね。忙しさでなにもできないうちに死んでいました。それがもう悲しくて……、というか、自分が責任を果たせなかったことが悔しくてね。

もう、お寺で魚を飼わないことにしたんですけど、まだ魚はいますから、決めたんです。「遊んであげない」とね。感情が出てきますからね。それでも、弟子たちが水を替えたりするのがあまりにも下手で、魚の取り方もわかっていないのを目の当たりにすると「そうじゃないでしょう！」といって思わず手を出しちゃう。そうしたら、また、前みたいに魚とべったり仲良しになってしまって。またふざけたり遊んだり、いろいろしてしまって「しまったなあ」という感じです。

夢枕　私もいま、家で魚を飼っているんですけど、今朝、一匹亡くなりましたね。四年くらい生きていたんですけど。ちっちゃいタナゴですけど、二匹をずっと飼ってたんです。「えっ！なんで？　昨日まで元気だったのに」と思って、慌てて水を取り替えたりして出てきたんですけど。

スマナサーラ　やっぱり生命としてみると、生命をぶんなぐって楽しむよりは、ね。仲良くしたほうが良いですよね。

私にとって生命は、人間も魚も、みな同じ。差別はないんです。アリがやってきても、道をあけてあげます。「あっちいけ」ということはないんです。

別にかっこつけてるわけでもなく、自然にそうなっちゃうんです。ときには邪魔だったりして、「おまえ、邪魔だよ、いい加減にしろよ」なんて話しかけます。別に聞こえているわけはないでしょうけどね。

夢枕　私のテーブルの上にはよくアリがきたり、ムカデがくるんですよ。ムカデはときどき、原稿用紙の下にいるんですよ。あのヒゲを出してね。原稿用紙を動かすとだーっと逃げていくんです。

アリはまだかわいいですけど、ムカデがくるとすごいんですよ。だから大きい紙を出してムカデを載せて、紙の上を歩いているあいだに窓から落とします。小さいのはまだいいですけど、大きいのは、「よしよし」とは見ていられませんね。かといって、つぶすのはかわいそうですし。

スマナサーラ　ムカデはちょっと毒を持っていますしね。まあ、それを追い出すのは別にどうってことはありませんけどね。

犬の心、猫の心

夢枕　うちは犬も飼っているんですけど、ペットの、というか犬のいいところは、無防備に向こうがこちらを信頼しているのがわかるところなんですね。

スマナサーラ　犬は知ってますよ。「人間というのは親分をやりたがっているんだ」とね。人間のねらいはバレてる。で、やらせてくれていますよ。けっこう犬に馬鹿にされてますけどね。

猫はそんなに人を騙す気持ちがなくて、はじめから「人間は馬鹿だ」と見ているんです。「猫は人を見下す、犬は人を見上げる」という二つに分けられます。そう分けたほうが犬と猫のことは理解しやすい。

夢枕　そうなんですか。

私は猫と犬を両方、飼っていますけど、猫のほうが人間との付き合いにちょっと冷めていますよね。独立独歩で自分がかまってほしくないときはそっぽを向いている。犬はいつでも呼べば寄ってくる。

スマナサーラ　犬は知ってます。犬のほうが猫よりもずっと親切ですよ。人間には支配的な気持ちがあって自分が言うことをなんでもきいてくれる存在がほしいんだと知っていて、親切に付き合ってくれるんです。犬は、飼い主のために命でも捨てますからね。大変ですよ、犬を飼う責任感っていうのは。

夢枕　ああ、やっぱり。

悲しむ心は依存している

夢枕　いま、命という話が出たんですけど、ペットが死ぬときってやはり辛いですよね。だんだん目の前で弱っていくペットを見ていくというのも。まあ、人間のほうが寿命は長いですからね。かならずペットの死には向き合わなくてはいけない。

スマナサーラ　嫌なら亀でも飼うしかない(笑)。それは、そうやって心が、とにかくほかの生命の心に依存するからなんですね。ペットを飼うってことは、ペットの心に依存するということ。依存するということは、弱くなったということですね。だからペットが亡くなるとかなり悲しくなって心がケガをするんです。

夢枕　なるほど、依存ですか。それとはレベルがちがうでしょうが、かみさんと喧嘩したときにペットに頼ることは多いです。ペットに話しかけるふりをして、かみさんとの仲直りのサインを送ることができますから。両方でペットに話しかけて会話をしたりするときがあります。

第三章

異次元の生命

目に見えない存在——生命の次元——

夢枕　生命について言うとですね、私は作品に人間以外の生命も書いています。たとえば、進化が狂ってしまった、人と動物の特徴が混ざり合った生命です（『涅槃の王』）。ほかには、生命とは少しちがいますが、妖怪や幽霊などですね。子どものころは、妖怪などが、もしかしたら地球にはいるのかとも思っていたんですが、でもいまは、地球にいる生命の歴史から外れた存在は、たぶんいないんじゃないかなと考えています。

「幽霊はいるのか、いないのか」というと、たぶんいないだろう。「妖怪はいるのか、いないのか」というと、たぶんいないだろう。そう思ってます。でも、妖怪とか幽霊という存在が私にとっては気になるので、小説には書くんです。この世にあらざる存在のことは書くんですけど、実際にいるのかいないのかということだと、私のほうではわかんないですね。

SFを書いているので、ときどきUFOがいるのかいないのか、信じているのかどうなのかってことも聞かれるんですけど、「わからない」としか言いようがないんですよね。UFO本来の意味である〝未確認飛行物体〟というものはあると思いますが、それに宇宙人が乗っているという話になると、ちょっと待てよ、と。

スマナサーラ　逆にそんなことを知っちゃうと書けないと思いますしね。

夢枕　私はインタビューなどで聞かれたときには、「幽霊がいるとは思っていないけど、夜に墓地へ行くのは怖い」という答え方をしています。仏教のほうでは幽霊とか妖怪というのはどういうふうに扱っているんですか？

スマナサーラ　まあ、妖怪なんかは中国で現れたものでね。仏教では生命次元論というのがあって、「餓鬼道」という次元にはさまざまな生き物がいるとされています。そんなふうに次元論では成り立っていますけどね。

神々の次元も六つ（六欲天）ありますし、その上の梵天もありますしね。まあ、それと小説などに出てくるものとはちがいますけど。私の話題にする世界ではないです。

夢枕　長老のそういうものについての見解は、お釈迦様の立場とひじょうに近いということですか。

スマナサーラ　いろいろ知ってはいるんだけど、言っても証明に欠けますからね。ちゃんと成立しないものは語れないんですよ。まあ、子どもが聞けば答えますけどね。いろいろ知ってることはありますよ、言わないだけで。知ってることをぜんぶしゃべってるわけじゃないですからね。

夢枕　体験として知っていることがある？

スマナサーラ　それはいろいろですけどね。

異次元の存在を話すとき

スマナサーラ　たとえば餓鬼道の話は経典にもあります。モッガッラーナ（目蓮）尊者とラッカナ尊者が鷲霊山でいろいろな形で苦しんでいる餓鬼を見た話がまとめてあります。阿羅漢になった方々のなかには、人間とちがった次元の餓鬼道を見られる能力がついていた方々もいました。見えるだけではなく対話する場面もあります。

しかし、ペラペラとだれにでも話すわけではないのですね。「お釈迦様、きょうはこんな生命に会いました」と、お釈迦様に報告する。その場合はお釈迦様は「ああ、そうですよ。私もその餓鬼に会ったことがありますよ」と言うのです。お釈迦様が餓鬼を見たことがあってもだれにも言わない。もし超能力のある弟子が同じ餓鬼に面会したことがあった場合に限って、自分も見たことがあるとおっしゃるのです。なぜかというと、二人が別々な時間で同じ現象を見たことがあるとするならば、いくらか信頼性が成り立ちます。「だれにも見えないが、私だけに見えます」というような話は、信頼性に欠けているのですね。相応部経典にある餓鬼の話の場合はモッガッラーナ尊者、ラッカナ尊者とお釈迦様という三人の証言がそろったことになります。

一般人の認識範囲に入らない現象などについては、三人がそろって証言したとしても、事実として立証したことにはならないのです。仏教は立証して語る教えです。なんの躊躇《ちゅうちょ》もなく超自然的なことを言うとその立場が崩れます。現代人も興味を抱くお化けの話や、幽霊の話などと、仏教はかみ合わない性質を持っているのです。基本的には証拠を出して立証できないことは他人に言わないのです。とはいっても、完全にはその立場を守っていないときもあります。お釈迦様だけにかかわる超越した能力、お釈迦様が神々と対話して説法すること、悪魔との対話をすることなどは証拠をそろえることなく、そのまま記しているのです。

夢枕　ふーん。だれかが「こういうものを見た」と言ってから、はじめてしゃべるということですね。

スマナサーラ　そうそう。それもぴったり同じデータでないと認めませんね。私が「首のない幽霊を見ました」。もう一人は「首のある幽霊を見ました」と言ったら、仏教では論理的に成り立たないとします。

首がなくて、身体がこうなっていて……というディテールを伝えて「あ、私も同じのを見たよ」となれば、そこではじめて「じゃあ、同じものを見たでしょう」ということになる。だからいつでも証人が二人はいて、はじめて餓鬼道のセクションができています。その点には、けっこう気をつけています。

夢枕　その二人というのは、自分と相手という二人ということですか。

スマナサーラ　自分と餓鬼という二人ではなく、阿羅漢二人が同じを餓鬼を見ることです。お釈迦様ともう一人の阿羅漢が異次元の現象を見たならば、お互いの会話として仏教の真理を解明する説法が成り立つのです。ときどき、目連尊者、ラッカナ尊者、プンナ尊者、アヌルッダ尊者などが異次元の存在に出会ったことがあったみたいです。

夢枕　つまり、お釈迦様や阿羅漢たちは、いわゆるこの世のものではない生命について「ご覧になったことはあるけれど話さない」ということなんでしょうか。

スマナサーラ　まあ、人間の言葉では言い表せない世界ですからね。

夢枕　私が書くのは体験じゃなくて、頭の中でつくったはなしだからなあ。

スマナサーラ　私もふつうにＳＦや幽霊の小説をあえて買ってまでして読んで喜びます。英語の本でもたくさんありますからね。お化けが出る話なんかをむちゃくちゃ読みます。

しかし、実際の異次元の生命の世界は、小説とはだいぶちがいます。人間の言葉にするためにはかなりの言語能力が必要だと思いますね。

第五部

心・生命・物質

第一章 心のからくり

『サイコダイバー』をめぐって

夢枕　私が書いた小説に『サイコダイバー』というのがあるんです。人間の心の中に潜ってその人の隠していることを調べてきたり、心の病を治療したりする職業の人を「サイコダイバー」と呼んでいる、そういう作品なんです。

そこでは、人の心の中へ潜っていくことを「サイコダイビング」と呼んでるんですが、自分の心で相手の心に潜っていくので、相手の心の中で自分が思ったものが実体化してしまうんですね。たとえば、自分が潜っているときに相手の心が攻撃をしてきたら、それを「怖い」と思った瞬間により怖いものになったりする。ですから、相手が「恐怖」を使って襲ってきたときは、こちらは怖がるよりは受け入れるような優しい気持ちで対決しながら相手の治療をしていき、現実的な効果をもたらすわけですね。ほかには、サイコダイバーは本人が隠している情報を取ってきたりすることもできるんです。

これはもちろん、話の面白さのためにつくっている部分が大きいのですが、でも、たぶん現実の世界でも、心で思ういろいろなことは実体化していくと思うんですよね。現実の世界でだれかを憎んだり、「殺したい」と思ったら、思わずナイフを握ってしまうなんてことも、けっこうあると思います。そういうふうに考えると、多少なりとも日常的な心のコントロールを意識して暮らしていかないと、自分のつくった心に負けて不幸になっちゃうような気がしますよね。

そこまではなんとなくわかるけど、じゃあ具体的にどうすればいいのかというところで、私はいつもわからないんですよ。

たとえば、日常的にはいつもだれかの言葉で傷ついたり、自分は自分でだれかを傷つける言葉を吐いたりしているし。自分では気をつけていたはずのことを、人はよくやってしまいますよね。自分で作品に書いて多少わかっているような気になっていることでも、なかなか現実世界ではコントロールがきかないことが多い。自分自身の経験上は、そうです。

スマナサーラ　まさに「心の扱い方」のはなしですね。仏教のテーマはそれだけに限っているといえますしね。

『サイコダイバー』ですか？　それは小説で作り話で書いたといっても、実際の状況もそのとおりだと思いますよ。

ラベルを貼る、ラベルを見る

スマナサーラ　私たちは、まず心でいろんなことを思う。勝手に思ったことを、その相手に貼ってあげるんですね。貼ったら自分にはそのラベルしか見えないんです。

たとえば「あの人、私のことを恨んでいる」と思ったら、その人には「私を恨んでいる」というラベルを貼っているんですね。だから「私」に見えるのはいつでも「自分を恨んでいるその人」です。「私」はその人との関係を、ラベルに合わせちゃうんです。

たとえば、Aさんがいます。「Aさんは私のことを恨んでいる」と私が思って「私のことを恨んでいる」というラベルをAさんに貼ったとします。それからは、一緒にご飯を食べても、遊んでも、なにをやっても、私のAさんに対するしゃべり方、振る舞い方、なんでもかんでも「自分に恨みをもっている人」に対するものになっています。とうぜんAさんの私に対する応じ方はそれに合ったものになります。

私がちょっと失礼なことを言ったりする。そうすると、Aさんが「なんだ」という態度で反応する。それは因果法則であたりまえのこと。そうすると私は「やっぱりね」となります。今度は自分に対してラベルをフィードバックするんですね。「恨まれている」というね。そうやって繰り返していくと、へたをすると「自分が殺されるかもしれない」と思うほど怖い人をつくり出すんですよ。勝手に、私の心がつくり出すんです。

「私」のせいなんですけど、相手の人まで被害者になってしまう。そういう心のはたらきが常に起きてるんですね。先生の「サイコダイバー」の話と似たことが現実的にわれわれの心の中に起きているのです。

夢枕　日本と韓国の関係も少し近いものがあるなと感じますね。

スマナサーラ　少しじゃないですよ。人類の関係はそういう関係なんです。

人間は「無常」

スマナサーラ　だから、私たちが自分の主観でみんなにラベルを貼って、貼って、貼りまくっていくんです。ラベルを貼ったらみんながそのラベルに合わせて対応する。

夢枕　便利ですからね、ラベルを貼ると。全員が全員に、その都度その都度、なにかを考えるのはたいへんですから。だから一度「この人はこういう人だ」というラベルを貼ると処理が楽だからやっちゃうんでしょうね。

スマナサーラ　そう、自分にとっては便利なんですね。「相手の性格を正しく理解する」という難しいことをやめて、自分の独断で相手に固定した人格を強引に押し付けるのです。ラベルを貼るということはそういうことです。

「現実はなんなのか」「実際、その人は何者なのか」と、きちんと調べようとはしない。客観的なデータを集める科学者みたいな探究心はなくて、人と付き合いが始まる以前に、その人にラベルを貼ってしまう。中身を調べてラベルを貼ることと、中身を調べる気はまったくなく、勝手にラベルを貼ることとは大違いです。

人を勝手に判断してラベルを貼ってはいけないというのは、道徳ですよ。その都度その都度、性格が変わる、対応が変わる、感情が変わる、それが人間です。そこに固定したイメージをつくることはできないのです。この場合も「無常」の真理です。

ややこしいのは、相手も、私に対して相手なりの判断を下すことです。そうやってわれわれは、自分で人に判決を出してその判決どおりに自分が動きます。向こうはこちらに別の判決を出してその判決どおりに動きます。ですから、人間関係は成り立っていないんです。もう、ぐっちゃぐっちゃになっているはずなんです。

「関係」はラベルの貼り合い

スマナサーラ　具体的にお話しましょう。たとえば、私はAさんのことを「恨みをもっている人だ」と判断する。一方のAさんは私のことを「そうとうなアホだ」と判断する。そうするとAさんと私との関係において、Aさんは「アホに対する人間関係」をつくろうとして、私は「恨んでいる人に対する人間関係」をつくろうとするでしょう。ですから、お互いの人間関係はぎくしゃくしてしまいます。

男と女を例に取りましょう。女性が「この男は私のことが好きだ」と思った場合です。男性もその人のことを好きだったら、うまくいきますよね。「おまえのことが大好きだ」「私もあなたのことが好きよ」となれば、あんまりぶつからないで「じゃあ結婚しよう」ということになりますよ。つまり「お互いの判断が似ているならうまくいく」のです。世の中で、関係がうまくいってる場合というのは、だいたいお互い似たような判断をしているときですね。

すべては幻想の世界

スマナサーラ 私が相手に出した判断・判決文章が、相手が私に出したものと似ているなら、ぎくしゃくしたりはしないで少しはスムーズにいきます。

しかし、それも正しい人間関係ではありません。主観で、先入観でやってることなんですからね。だから心っていうのは怖いものですよ。むちゃくちゃな幻覚の世界をつくってあっちこっちで、ただただ、操られているんです。

夢枕 基本的には幻覚の中で暮らしているようなものですよね。私なんかもそうですけど、われわれはものごとを正確に把握できていないと思うし、便利なレッテルをばーっと貼りながら日常を生きているので、いってみれば幻覚を増やしている状態の中で生きているんだろうと思いますよね。そうは思っても、本人は幻覚と幻覚ではないものは、見分けられないと思います。

スマナサーラ ふつうは見分けられない。だから、仏教がその解決方法を教えようとしているのです。

行為の時間、行為の回数

スマナサーラ ジャイナ教徒が、お釈迦様に質問したことがあるんです。「私たちの宗教では人がたくさん行うことによって将来が決まると教えます。悪いことをする人は悪いところに生まれたり、善いことをする人は善いところに生まれたりすると言いますから、われわれの教えはお釈迦様の教えとけっこう似ているでしょう?」と。

それに対してお釈迦様が答えたのは「あなたがたの教えが正しければ、地獄に落ちる人は一人もいなくなりますよ」というものでした。ジャイナ教徒にはその言葉の意味がわからなかったので、説明なさいました。

お釈迦様はまず、「人が怒ったり殺生したりするとどうなりますか?」と質問します。相手は「それは悪行為だから地獄にいきます」と言うんですね。そこでお釈迦様は、わかりやすく説明なさいます。「では聞きます。人は、殺生などを一日のあいだで何回しますか? たとえば殺人を犯したとしても、殺すのはせいぜい一回でしょう。一生のうちには何回ですか? 一生のあいだでもせいぜい一回だけ。殺人のような悪いことは、犯したとしてもたった一回だけで、あとはずっとやっていないのです。たくさんやっているのは善い行為のほうなのです。ですからたくさん行う行為によって死後が定まるという理論が正しければ、人を殺しても、この世でだれも地獄に堕ちないことになります」とおっしゃいました。

殺人は極端な例かもしれませんが、「怒りは悪行為」といっても、人は二四時間、怒り続けるなんてことはないのです。お釈迦様が仰ったのは、あなた方の言うことが正しければ、世の中の人みんなが救われますよ、ということです。つまり、あなた方の思考と仏教は似てないという結論を下したのです。

人間は条件で変わる

スマナサーラ　ポイントは、私たちは「ある条件で」怒ったりするということなんです。ある条件で笑う。ある条件で泣く。ある条件で落ち込む。ある条件で「じゃあ、元気を出して頑張ろう」となったりもする。逆に「ああ、もう、なにもかもが嫌だ」ということもありますよ。「頑張ろう」や「すべてが嫌だ」となっても、二四時間絶えず、ということではないのです。それぞれの条件によって、「私」の心は変化するんですよ。

だから、「本当のところ、あなたは何者ですか？」と質問すると、答えは「さっぱりわかりません」ということになります。

夢枕　ああ、そうですね。同じ条件を与えられてもちがう反応をするときがありますから。あるいは同じ条件でも、慣れちゃうと同じ条件で満足しなくなったり。そもそも、まったく同じ条件というのは基本的にはなかなか起こらないし。あのときこれで大丈夫だったからといって、同じようにしていても怒るときもあるし、わからないですね。

スマナサーラ　そうそう。だから子どもに怒る場合も、親は同じ失敗で怒ったり、怒らなかったりするしね。「私とは何者か」と私に聞いたところで、私自身が「さっぱりわからない」。その私が「あの人、嫉妬深いねえ」などと言うのだから、どれほど馬鹿げたことか。どれほどおかしなことかという話なんです。

そういうわけで、常に判断はしない。判断は保留にします。たとえ判断しても、それはその瞬間だけだと考えます。私だったら、だれか怒った人がいたら「あなた、怒ったでしょう」と言うだけ。「あなたは、怒りっぽい」とは、言わないのです。

夢枕 ああ、それは良いですね。決めない、そしてただ、いま起こった現象を言うだけ、ということですね。そうすれば、パッと印象だけでレッテルを貼って、ずっとその判断というか幻想をもち続けて、いちいちその通りの行動をすることは避けられますね。

スマナサーラ そのときに怒っていても、その人の怒りは一生持続するものではなく、早く消えるものです。さらに「あなた怒ったでしょう」と明るく言ったら、それだけで怒りも消えちゃうしね。本人のプライドを傷つけていません。本人の主権を侵していないのです。それに、ただ、「あなた、いま怒ったでしょう」と言うだけだと、言われた本人が「怒っているのはいまだけだ」という気分になるので、「じゃあ、やめましょう」となります。

夢枕 「おまえはだめなやつだな」と言っては、だめなんですよね。

スマナサーラ それはだめです。仏教徒はよく気をつけるべきところです。お釈迦様は「あなたねえ、この生き方、このやり方を変えない限りは将来もだめだよ」と、「だめ」は条件を付けてからおっしゃるのです。相手がその条件をなくせば、もうだめな人間ではありません。

心は隠れない

スマナサーラ 先生は「サイコダイバー」という言葉を使ったでしょう？　それは「心というのは隠れ

ているものだ」ということを前提にしてできた言葉だと思いますね。世界でもみんな「心は隠れている」と思っています。

これからまったく逆の立場から心の状況をみてみます。それは「隠れないのが心」なんですという立場です。身体は隠れます。でも、心は隠れないんです。

心っていうのは生きることであって、存在感なんですね。たとえば先生は、いまここにいらして私と話していますけど、家の人は先生が外出先で元気で仕事をしていることを知っていますよね。だから、隠れてないんです。家にいなくたって、先生は家の奥様に対してしっかりとした存在感をもち続けています。死んだわけじゃないんです。じりじりと生きているんです。だから心は、隠せないんです。

私たちは化粧をして顔を見せて、心を隠していると思ってますけど、逆なんです。化粧しても心は見えちゃうんです。

手を上げるにしても、「生きている」というエネルギーがあるから、そして「手を上げたい」という心のエネルギーがあるから手を上げるんです。ただ手を上げただけで、それは心を表現しているんですね。私が手を上げたら、私が手を上げたかったことは隠せません。いま、いきなり私がこぶしでテーブルを「どん」と叩いたら、私の心、隠せますか？　隠せないでしょう？

夢枕　そうされたら、ふつうはかなり怒っていると思いますよね。

スマナサーラ　だから隠せないんです。

夢枕　たしかに、喋らなくても、「あいつはいま気分がよくないんだな」とか、「怒っているな」とか、わかりますね。「あ、この話題はちょっと止めたほうがいいんじゃないかな」とか。

スマナサーラ　そう、わかりますよね。人は自分が密かに考えること、自分の気持ち、感情などは他人にはばれないと思って安心して生きているのです。だれにも知られないから好き勝手なことを妄想したり、好き勝手な感情を抱いたり、好き勝手に心を汚したりするのです。他人にはばれないから、悪いことを考えても別にいいのではないかと思っているのです。

ということは、コーディネートした服を着たり、お化粧したりして身なりを整えれば十分だと思うのです。心の制御、管理なんかはしないのです。人の人生は、死後の世界は、着ている服等の、身なりで定まると思うことになります。これは幸福を目指す人間にとっては危険な態度です。ですから、「隠せるのは身体です。他人に隠せないのは心です」と覚えたほうが心の戒めになると思います。

心はつながっている

スマナサーラ　われわれは、生きるうえで肉体的な関係性が少ないんですよ。身体では人と人とがあまり付き合わないんです。

子どもはいつでもはしゃいで、喧嘩をしたりあれこれと身体で関わってます。それは脳を開発するために肉体からのデータが大量に必要だからなのですね。けっこう遊んだり喧嘩したりする。脳を開発するプロセスですからね。

でも、成長するにつれて、身体的な関わりは極端に少なくなる。たとえば結婚して二〇年、一緒に暮らしていてもね、身体に触れている時間と触れていない時間と、どちらが多いかと考えてみればわかります。身体に触れている時間は少ない。

しかし、心のつながりは、絶えずあるんですよ。

夢枕 私は、いびきをかくので、ときどきカミさんから別々の部屋で寝ようかと言われたりしますが、心のつながりということでいえば、お互いがどの部屋で寝るかはあまり関係がない。それはわかっていても、いびきを理由にはしているが、本当は一緒にいるのが嫌なのではないかと、勘ぐってしまうのも人間ですよね。

スマナサーラ 結婚した二人が別々の部屋で寝ても、心はつながっているのですね。「まったく。大きないびきをかくんだから。寝られないから私は別の部屋で寝ます」といって別々に寝たとしても、別に別れたわけじゃない。夫婦は夫婦です。心はつながってる。だから平気で「いびきがうるさい」とか言うんです。

喧嘩して別々に寝ても、朝、ちゃんと奥さんは早く起きてご飯を作ったりします。だから心のつながりは、常にあるものなんです。

先ほどペットの話がありましたけど、どうしてペットを飼うのかというと、やっぱり心のつながりなんですよ。命のつながりなんです。生命としての猫と、猫のぬいぐるみはちがうのです。

第二章　命とはなにか

地球は生きているか

夢枕　ある人が怒ってたとしても、ずっと怒っているわけではないのと同じように、私は基本的に永遠のものというのはないと思っているんです。心でも、命にしても。やっぱりどっかでなくなっていくものだろうなと思います。時間が長かったり短かったりということはあると思うんですけど、なにがあろうとも、どっかではなくなるだろうと思っています。

「命」についてなんですが、命が、細胞をもつものだけを指すのか、世の中には「地球が生命体だ」という考え方をもっている人もいるし、いろいろな考え方があると思うんですけど、いずれにしても「永遠に続く命というのはない」というのが私の考えなんです。逆に永遠に続いたら嫌だなと私は思っている。どこかで一つの命でもなんでも「終わる」っていうのが自然な気がします。

長老は、たとえば「地球が命だ」と言っている考えについてはどう思われますか？

スマナサーラ　それについては、われわれは「よくわからない」ということにしますけどね。見方によって命だと見る場合もあるしね。まあ地球も、生命と同じく呼吸しているしね。膨らんだり縮んだりしていますけど、命かどうかは、わかりません。

まあ、人間の信仰の歴史のなかで地球、大地は、母として見られてもいますよね。実際、地球からいろいろなものが生まれるんだから、「偉大なる母」ということになります。それは宗教・信仰の世界だから、厳密な真理の世界のことではない。

「命とはなにか」というと、われわれは「命とは生きていること」と定義します。「生きていること」と言えばわかりやすいんです。つまり、「生きていること」とは「常に変化すること」なのです。

機能をまとめて「命」

スマナサーラ　だから、水を飲むことも、呼吸することも、座ることも立つことも、血液が流れることも、考えることも、見たり聞いたり感じたりすることも、ぜんぶ「生きていること」。それをまとめて「命」というレッテルを貼るんであって、いくつかのファンクション（機能）なんですね。それはずーっと変化しているんですよ。変化しているこの流れが完璧に停止するっていうのは、ちょっと論理として成立しないいんですね。

たとえば、水の入ったコップを前にして「この水は完璧に消えますか?」というと、どうでしょう。たしかに水は消えます。が、別なものに変化するんですね。変化するんだから水であって、変化するから命であって、変化するんだから地球であって、変化するんだから太陽である。だから、変化は真理なんですね。

変化の法則は「生《しょう》」と「滅」です。生と滅、生と滅、生の次に滅がくる、滅の次に生がくる、生の次に滅がくる……というね。その法則で仏教は輪廻という概念をつくっています。ですから、「命」という個体的な変わらないなにか、それはあり得ないんです。変わらないものっていうのは成り立たないんです。

心が物質を支配する

スマナサーラ　大雑把に現象的なところをいえば、「この身体は消えますから」ということはわかりますよね。この身体が消えちゃったら、いま見えるものは見えないし、いま聞こえることは聞こえないし、いま考えることは考えられなくなってしまいます。もちろん、それで「終わり」です。しかし、エネルギーはどうなるのかというところまでみれば……

夢枕　そういう意味では、物質的な消滅はあり得ないですよね。その都度その都度、いろいろ形を変えていくだけ。太陽は膨張して、いつかどこかの時点で水星を飲み込み、地球上を焼き尽くすときがくると思いますけど、そうなると、海は蒸発して消え、森も生命も残らない。それでも、ものというのは、ただそのとき、そのときで「いろいろ形を変えていくだけ」ということですよね。

スマナサーラ　ずーっと、変わり続けるだけなんですね。

しかし、物質より心に力があることは明確なんですよ。手を上げることができる、しゃべることもできる、ビルをつくることもできるんだから。すごいことを心のパワーでやっていますよ。本当は、「生きること」が心のパワーなんです。だから宇宙の物質的なものは、ずっーと流れて、流れている限り、「心」っていうパワーがね、物質までも支配するんです。

物質の法則、心の法則

夢枕　宇宙に対する生命とか意思がもっている役割みたいなものを、ときどき考えることがあるんです。宇宙のもっているさまざまな法則がありますよね。基本的には、人間も宇宙の法則の中で存在しているものだと思うんですけど。宇宙の法則と思われているものに、計算外のものが入り込む余地というか、干渉ができるのは、生命とか意思みたいなものなのかなと思うことがあるんですよ。

たとえば、どこかから石が落ちるときってだいたい計算できるじゃないですか。雨で水が流れ、崖が崩れ、石が落ちる。これは、どういうふうに落ちるか、人間にはわからなくても、法則としてはそれが決まっている。でも、人間は落ちてくる石を取って別の場所に落としたりできる。人の意思が、宇宙の法に干渉できる。エントロピー増大の法に対して、生命とか意思は逆らうことができる。しかし、もっと厳密に言っちゃうと、人間の行動すらもなんらかの法則の中の動きだと思うんだけど、宇宙のなにかに干渉できる可能性っていうのは、生命とか命はもっているんだろうと思うんです。

生命がつくった「心」みたいなものがあるから、おそらくそういうことができるのかなあ、と思ってるんですけど。どうでしょう？

スマナサーラ　それはそのとおりだと思います。落ちてくる石がどこに落ちるかということはしっかりした法則で定まっている。でも、「私」はそれを拾っちゃうんですね。あるいは落ちる前に取っちゃう。そのとき、物理学的には「予測外のことが起きた」となりますね。しかし、「心」もエネルギーだから、「自分」の中での法則があるんですよ。だから自分の法則ではちゃんと法則どおりに動いたんです。予定外のことが起きたわけじゃないんです。

夢枕　そうですよね。そのとおりだと思います。

すべては「因縁」

スマナサーラ　とうぜん意識は関与してますよ。石は勝手に落ちるんだけど、しかし心はそちらの石を落ちる前に取りたくなっちゃう。「取って別な場所に入れたい」という気持ちが生まれてきて、その行動を物質にまかす。だから身体が動いて取ったりする。科学の世界では物理学だけを扱ってますから、そういう場合は「必然」「突然」「偶然」などなどの言葉を使いますけど、仏教は使いません。偶然は否定するんです。すべて「因縁によって起こる」とします。

場合によっては「落ちてくる石を取りたかったんだけど、取れなかった」ということもあります。「じゃ、それは偶然なんじゃないか」と思うかもしれませんが、偶然じゃないんです。私の「心」の動きになにか入ったんです。

なにかちょこっと別なことを考えたから0・1秒、0・001秒、手を動かすのが遅くなった。あるいは手を出そうとしたときに肩のところが痛くなってほんのちょっと遅くなった。そういう理由があったから石が落ちたのであって、それなりのしっかりした心の法則というものがあるんです。

それが仏教の世界ですね。

夢枕　いや、そうですね、ほんとに。

生命の心と宇宙の変化

スマナサーラ　あまり仏教経典には出ていないのですけど、いささか思っているところがありますね。やっぱり宇宙全体的な物質（量）よりは「心」のほうがすごいということです。

心というのは実体がないし、定義が難しい。ほかの宗教では、全体的な意識が管理しているとか、それが神という概念だとか漠然と言ってますけど、そういうなにか「一個」じゃないんですね。神という絶対的な一個の条件ですべては変わるのではなく、すべての生命の心がいっしょにはたらくことによって宇宙にまで変化が起こるのだと言ったほうがベターだと思います。すべてのものごとは生命の心によっても変化して変わるのです。

だから地球が変化する場合は、変化は二つあるんですよ。自然の変化と生命がやっている人工的な変化と。それで変化が速くなるんですね。だから動物も、たとえミミズでも、地球を変えているんです。ミミズ一匹にはなにもできないんです。でも、大量にミミズがいるから地球の土が変わっているし、微生物もそうでしょうし、われわれ人間もそうです。みんなの勢いで地球を変えて、変えていくんですね。

仏教は心優先

スマナサーラ　われわれは、エネルギーを二つ重ねて行動しているんです。たとえば、人間が空を飛びたくなる。心に「飛びたい」というエネルギーが生まれて、そのように思う。思っても、飛べない。そうすると物質的に変化させるんですね。ないものをつくるんです。つくって空を飛んでみせる。そうやってお互い、いつでも組み合わせで動きます。

私が「楽しくなりたいな」と思ったときもそうです。自動的には楽しくならないんですね。「ああ、楽しくなりたい」と思ってすぐ「あ、楽しい」とは、なりません。ではどうするかというと「テレビでも見ようか」「本でも読もうか」「i－Ｐｏｄでも聴こうか」と、物質に頼ります。i－Ｐｏｄを聴いて「あ、楽しい」となる。あるいは、聴いても楽しくなくて「期待はずれだな」と思ったりね。どちらかになっちゃうんですね。このように、常にわれわれは物質に依存して、物質を支配して生きているんです。

お釈迦様は「心がすべて支配しているんだ」「心によってすべて左右されますよ」と説かれています。だから仏教では心優先です。物質は科学者にまかせてやらない。心の法則は仏教の管轄でやって、徹底的に研究して終わっているんです。さらに研究するものは残っていないのです。

第三章

煩悩のからくり

煩悩とは認識のバグ

夢枕　仏教が発見した心の法則ということでいうと「煩悩」のことも含まれると思いますが、あの煩悩の数というのは、日本では「百八」と言われますけど、百八つでいいんですか？

スマナサーラ　百八つとする数え方もあるし、千五百とする場合もあります。

夢枕　千五百もあるんですか。

スマナサーラ　まとめていうと三つですね。「貪《とん》・瞋《じん》・痴《ち》」、つまり「欲」と「怒り」と「無知」。もっとまとめるとたった一つなんです。

夢枕　それはなにになるんですか。一つというのは。

スマナサーラ　ものごとを認識するときに、われわれは大きな誤解をするのです。それだけ！

夢枕　それが煩悩？

スマナサーラ　煩悩のはじまりですね。「誤解」です。だからといって自己嫌悪になる必要はありません。そういうふうに認識プロセスができているんです。

この「誤解」のことを、私はよくコンピュータ用語にたとえて「バグ」と表現します。「ウイルス」じゃなくて「バグ」ですね。「ウイルス」というのは、とんでもないものですけど、「バグ」はプログラマーがプログラムを組むときにほんのちょっと失敗して入っちゃったもの。取り除けばいいものなんです。取り除いたところでプログラムは壊れません。

それと同じように、われわれの認識プログラムには「バグ」が入っています。われわれの瞑想修行というのは、その「バグ」を取り除くことです。

夢枕　問題は、みんなバクに気がつかないというところですよね。

スマナサーラ　そう、そうなんです。気づかない。

夢枕　ですよね。気づくためにはどうすればいいんでしょうか？

スマナサーラ　気づくためには、ブッダの話を聞くしかありません。

そして、お釈迦様はゴータマ・シッダールタとして生まれ、生きていて、この「バグ」に気づいたんです。これがすごいんです。自分にも同じ問題があるのに、それに気づいたのですからね。

地球がたとえ無限でも……

夢枕　たとえば、いまの世の中の政治システムだったら、資本主義と共産主義があって、まあ共産主義はあまりうまくいかないシステムだという証明がそろそろできそうな気もしますけど、じゃあ資本主義がうまくいっているかというと、問題だらけであまりうまくいってませんよね。

私は、社会のそういうシステムがうまくいかないのは、はじめは、システム自体が誤っているからだと思っていたんです。

たとえば、資本主義でいえば、いくらでも儲けていいわけですよね。しかし、地球も人口も有限でしょう。資本主義って、いくらでも資源を使えて、人口も無限であって、はじめて存在できるようなシステムだと感じていたんです。実際は、地球という空間は有限で、資源の量も限られていて、再生できる植物の量も、土地の広さが決まっているから、すべて「限られている」という条件下なのに資本主義というのは、システムの中に無限をとりこんでしまっている。資本主義は、「資源が無限である」という前提がないと成り立たないんですよね。

だから、地球という限られたケーキを、三人で分ければ三人ともおいしい思いができると思うけど、これが一〇人・二〇人・三〇人……大勢で分けるから足りないということになるのかな？　それで問題が起きるのかな？　と思っていたんですけど、最近は「どうもちがうらしい」とわかってきたんです。

地球がたとえ無限でも、おそらくいま、われわれが直面している問題というのは、起こり得るものなんだろうなと思うんですね。

スマナサーラ　そう、そのとおりです。

夢枕　たぶん、地球が有限であるということよりは、人間の存在のほうに問題があるんだろうな、と思うんです。

スマナサーラ　うん、人間に問題があるんです。

夢枕　でも、私は「どうしようもないんじゃないの?」と思っちゃっていて。なにか既存のものに替わる良い政治システムが果たしてあるのか、考えもつきませんし。

スマナサーラ　それは知識人の考えで答えを出しているのですね。われわれは宗教ですから、解決策をクリアに言ってしまいます。われわれの答えは「心を直しなさい」「見解を訂正しなさい」「見方を変えなさい」なのです。

人間が問題

スマナサーラ　なぜ共産主義がつぶれたのかというと、共産主義が悪いことが実証されたわけではないのです。やっていた連中、人間が悪かったのです。国民には「私有財産は禁止」と言いながら、政治家がロールスロイスを一〇台も持っていたりね。

「労働者のために」などと言いながら、実態は恐ろしいものです。いま、北朝鮮が共産主義でしょう? 共産主義だったら宗教に反対して唯物論のはずなのですけど、金日成《キムイルソン》・金正日《キムジョンイル》が神様でしょう?　拝まなくちゃいけない。だからつぶれるんですよ。

夢枕　問題は、だれがなっても同じような感じになるだろうということですよね。

スマナサーラ　ですから人間に問題があるのです。たとえば「正しい共産主義の国」があるとしましょう。政治家も私有財産は持ってない、ちょっとの給料でなんとか生きていて、すべての国民が富をきちんと分かち合っているような、理想的な共産主義国です。しかし、お釈迦様は「そのような状態でも崩れますよ」とおっしゃっています。

なぜかというと、人間というのは「個人」なんです。個人には「個人の好み」があります。「個人の好み」は「国民の好み」にはならないのです。「国民の好み」とちがうからこそ「個人の好み」となるわけですからね。それで、崩れていくんです。

夢枕　それじゃ、どうしようもないということですか？

スマナサーラ　方法はあります。

人、一人のぶん

スマナサーラ　個人の好みはあっていいんです。たとえば私の場合、私は日本にいるから、日本のことが気になるし、日本の政治家がやっていることが気になる。それはなぜかといえば、「『私が』日本に住んでいるから」なんです。結局はそこなんです。なによりも先にくるのは「私」。それも「私は生きている。生きていきたい」ということです。

一義的なことは、まず「私が生きている」ということで、二義的にほかのことが大事になってくるのです。それだけ考えれば、問題は解決します。「私が生きていかなくてはいけないため、ご飯を食べます。私だけが生きていくぶんを取ります」というふうに生きていけば良いのです。もし、自分一人ぶんより多く取ろうとしたら、「なんで二人ぶん取るのか？　それが盗みでしょう？」となるのです。

ですから「私一人の、食べられるぶんだけをいただきます。私一人の、着られるぶんだけの服をいただきます。私一人の寝られるぶんだけの場所をいただきます。盗みはしません」と、そのように生きるなら、資源はたくさん残るはずなのです。

夢枕　なんで残らないんでしょうかねえ。

スマナサーラ　アメリカの富豪一人が持っている財産は、その人が百億年生きても使いきれない量でしょう。本当はそれはみんなのものでしょう?

第四章

業にまかせる

「業」というエネルギー

スマナサーラ　一人のぶんということについてお話ししましたが、こういうことに関して、仏教の「業論」が役に立ちます。「業」というのは、心が持っているパワーです。私たちは「業」で生まれたのですね。「業」が生まれさせたのだから、「業」が自分の責任をもってみているのです。

夢枕　その「業」っていうのは、カルマのことですか。

スマナサーラ　そう。カルマというのは、心に秘めている衝動、パワーなのです。「業」についてよく知っていようがなかろうが、それは関係ない。ぜんぶ「業」にまかせちゃえばいいということなんです。

夢枕　というのは、つまりどういうことでしょう?

スマナサーラ　われわれは「なんとしてでも生きていきたい」というエネルギーを持っていることは確かでしょう?　そういうエネルギーを「業」といいます。「業」がわれわれを生まれさせたんです。なにも無理に欲張らなくても、死ぬまでに必要なものは、ちゃんと「業」によってまかなえる仕組みなんです。

業（カルマ）の仕組み

スマナサーラ　たとえば、「コーヒーにしますか？　紅茶にしますか？」とレストランで聞かれて選んだりするでしょう？　どちらにするか、私が判断します。

そのとき「日本人のいれる紅茶はけっこうですから、コーヒーをください」という考えで選びます。なぜなら、私は紅茶の国で生まれましたから、紅茶の知識はすごくあります。日本は、紅茶というとティーパックをほうり込むだけで、正しいいれ方ではありません。ですがコーヒーはちゃんといれる。だからコーヒーを頼んでいたんです。

夢枕　われわれが海外に行ったときに日本茶を飲まないのと一緒ですね。

スマナサーラ　そのとき「コーヒーにする」と、私が判断するのですね。私の心が判断する。それは「業（カルマ）」なのです。

カルマというのは、そういう心のエネルギーです。もとはといえば、カルマが勝手に肉体をつくって、生まれてきたのです。ですから、そのうえさらに肉体の維持・管理にあれやこれや困らなくても、業の仕組みとしては「生まれて死ぬまではあなたの責任だよ」という態度なんですよ。つまり、わざわざ余分に確保したりしなくても、はじめから「業」で決まったぶんのエネルギーは見事にそろうんです。必要なものはぜんぶ。

だから、なにも人殺しまでしたり、搾取して人の財産まで奪ったりしなくても、ふつうに生きていればそろう。それなのに、みんな「もっとないと心配だから」とか思って欲張ったりする。その結果がいまの世界です。豊かな国の人々が贅沢をして地球の資源がなくなり、貧しい人々の食べるものがなくなり、一分間で二八〜二九人くらいの人が餓死しているのです。同じ地球上でです。

そんな実態なのに、「現代の世の中はすばらしい、ありがたい」ってみんな言っているんだから、どうかと思いますよ。「業」にまかせちゃえば、その人の業でもって責任をもって死ぬときまでぜんぶ維持・管理していくんですよ、本当は。それだったらもっとみんなの人生は楽なはずなのです。

なるべき人

夢枕　「業にまかせてしまう」というところを、もう少し詳しく教えてもらえませんか。

スマナサーラ　たとえば、私は音楽家にもなりたいと思う。画家にもなりたいと思う。作家にもなりたいと思う。エンジニアにもなりたいと思う。医者にもなりたいと思う。欲はいくらでもある。だけど「実際のところなにができるの?」ということです。自分の能力を見極めて「あ、サラリーマンにしかなれないみたい」とわかったら、その時点で頭を切り替えてふつうに大学を出てサラリーマンになったほうが良いんですね。

そのとき、「ああ、悔しい！　音楽家になりたかったのに！」「エンジニアになりたかったのに！」なんて思っても、本当は意味がない。実際に、そういう人もいます。「なにがなんでも作家になりたい」といって努力して、書いても書いても売れない。苦労して人生を台無しにするのです。

本当に作家になる「業」の人というのは、ふざけてちょこちょこっと書くだけで、もう売れちゃうんですよ。楽なんです。

業にかなえば

夢枕 見極める方法ってあるんですか。自分の「業」がどういう性質なのか。ふつうの人はわからないですよね。自分になにが向いているか。

スマナサーラ いいえ、みんなわかってますよ。われわれはなにをやっているときに心が喜びを感じるのか、心に潜んでいる能力が湧いてくるのか、という程度のことになんとなく気づいているはずです。

これは神様の授かりものではなく、自分の「業」というエネルギーのことです。欲、怒り、見栄、自我などの感情で心が汚れるとわからなくなるのです。みんな本当はちゃんと知ってるんです、自分にはなにが向いているのか。

この状況を私は簡単な言葉でいつでも説明します。自分にとってとても気楽に、目を半分つぶったってできること、ほとんど失敗しないことをやればいいのです。「やらなくちゃ！」というストレスがからないことですね。「ああ、この程度のことですか？　いいですよ。いくらでもやります」というようなことをやればいいのです。それが自分に向いている仕事なのです。

しかし、われわれには欲があるので憧れの仕事を探すのです。憧れの仕事というのは、自分にできない仕事なんですね。だから「選んではいけない仕事」なのです。

夢枕　私のことでいうと、書くのが好きで作家になったんですけど、なれるかどうかはすごく不安ではじめました。

スマナサーラ　でも先生は、書くのが楽しかったでしょう?

夢枕　はい。楽しかったです。

スマナサーラ　だったらそれは、先生に適した仕事なんです。間違った仕事に入っても、何年か経つと心はいつでも教育を受けますから、できるようになります。でも、どこかで味気ないというのはありますね。

実際に医者になって苦労する人もいますからね。親に強引に言われて医者になった。頭も悪くないけれど「どうかな、この仕事」としっくりこないのです。

第六部

悟りへの挑戦

第一章

『涅槃の王』で悟りを描く

人間の「闇」を描く

夢枕　私は、ブッダを主人公にした『涅槃の王』という小説を一五年くらいかかって書きあげました。私は作家なので、忠実なブッダの物語ではありません。「どう書いたら面白いか」という要素が、たくさん入ってくるんですね。

まず、人間ブッダ、ゴータマ・シッダールタとして生まれた生身のブッダの、人間としての苦悩にすごく興味を覚えた。で、不老不死の果実がある話にしたんですよ。みんな不老不死を求めるんだけど、ブッダだけは、「不死に興味はない。自分はただ真実を知りたいだけだ」と言うんですね。

「不死よりも真理が好き」という青年で、最初のころのブッダは明るかったんですけど、後半は少し暗くなっていきました。結果的にみると、ブッダの「心の闇」みたいな部分が目立つ作品かもしれません。ただ、それははじめから「心の闇」を書きたかったわけではなく、面白さを追求していった結果なんですけどね。

スマナサーラ　人間が持っている「闇」みたいなものをいろいろな形で書きたかったんじゃないですか？

夢枕　ただ、なにが心の闇なのかというのは、考えていくとよくわからなくなるんですよね。まして、ブッダの心の闇となると、なかなかひとすじ縄ではいかない。

思いの数だけ人がいる

夢枕　だいたい、小説の登場人物というのはぜんぶ自分の分身なんですよ。自分の持っているいちばん清い、純な部分を私はシッダールタに乗せてるんだと思います。また、自分の中の強さに憧れる部分を登場人物のアゴンに充てたり、自分の中のちょっと暴力的な部分はシンという人物に乗せたり。自分の中の老いたときのイメージとか、どういうふうに死にたいかというようなイメージを陳夢龍という人間に乗せていたりとかですね。

ですから、結果的に心の闇が感じられるブッダに仕上がっているとして、そこには自分の心の闇を投影した部分もあるでしょうし、ブッダが抱えていたであろうと私が思って描いた心の闇の部分と、自分の心の部分と明確な区別はつけられませんしね。

自分の持っているいろんなものを、登場人物に乗せていて、自分の思いの数だけ登場人物が増えていく。だから私、インドに行って、日本もそうですが、神がいっぱいいる理由も、多少そういったものに通じているのかななんて、ちょっと思いました。

「悟り」を描く

夢枕　最初は二〜三年で終わるつもりで書き始めたんです。でもなかなか終わらなくて。書いている途中でいろんな人が出てきて、いろんな人たちがいろんなことをこの中でしゃべったり、行動したりするんで、それらの行動とかしゃべったことに責任を取っていくと、また新しい登場人物を出さなければいけなくなって、どんどん話が長くなっていってしまったんですね。

最後は、シッダールタが洞窟の中でようやく悟るところまで書いたんですけどね。しかし悟りの実態は、私にはわからないわけですからね。ですから、いろいろな想いとかこれまで自分でつくってきた小説上のテクニックとか、自分の持っているものをぜんぶ使ってそこは書いていますね。ただもう、自分のありったけを出すしかないです。

具体的にいうと、悟りのシーンでは、ブラフマンやらインドラからアシュビンだとか、いろいろ世界中の神々が、シッダールタの心の中に「あなたは悟った、おめでとう」と述べにくるというふうに書きました。神々なんかそれまで一度も出てこなかったんですけどね。

これは、小説的な手法としていうと微妙な逃げではない逃げでもあるんです。悟りの状態を、ぎりぎりのところまでは書くけれど、象徴的なシーンにすることで「言葉にしない」という手を使ったんです。

悟りの実態は私のほうではわからない。わからないときにどう書くかということで、十年ぐらい迷ってたんですが、結局もうこれは文章で徹底して「表現」と「象徴」というレベルで勝負するしかないと思ったんです。「こういう実態である」というリアルなことを書くのではなく、たとえばリズムある文章だとか、すごく意味をもつ言葉だとか、いろんなこれまで使ったテクニックとか思いとか、自分の経験知のぜんぶを使って、とにかく表現ということにこだわって書いた。本の中でもかなりのページを使ってしまいましたが、いっぱいいっぱいだったですね、書き上げたときは。

悟りとは?

夢枕　「悟りとはいったいなんだろう?」ということはずっと考えていたんです。ブッダがあのときに体験したことはなんだろう、とずっと考えていて、いつかは書かなくちゃいけないだろうと思って書いた。

山に登っているときに、何度か「くる」ときがあったんですよ。すごく世界と一体感があって気持ちよくて。ランナーズハイと近い状態だと思うんですけど。そういう体験と想像力を使って書いたのが『涅槃の王』の悟りの場面です。まず、決めていたのは「宇宙の真理はどこにでもあって、だれでも気づけばわかる」ものだということですね。

ヘッセ『シッダールタ』に足りないもの

夢枕　『涅槃の王』を読み返してみるとですね、むかしの自分というのがいまよりもっと純粋だったなと思いますね。いまはね、小説を書くのでもいろんな方法論の仕込みがあるので、むかしは情熱と勢いで凌いでいたところを、いまはテクニックで二割くらいカバーしてる部分があるなって自覚してますね。

とにかく文章で、小説というか文学の中でブッダを書くってすごくたいへんなことでした。私はヘッセの『シッダールタ』を読んだとき、あの本だとまだなにか足りないような気がしたんですね。量というかいろんなものが、足りない。「俺が読みたいと思うところは書いてくれてない」という思いがあった。それは、物語としての読者へのサービスという部分かもしれません。

スマナサーラ　ヘッセの本はそんなに幅広く扱ってないんですね。でもあれでノーベル賞を取っちゃったんだからね。

夢枕　自分で書くときはもっといろんなものをたっぷりやりたいなと思っていました。だから『涅槃の王』は全4巻です（笑）。

マーラの誘惑

夢枕　菩提樹の下で悟ったときに、マーラ（悪魔）のいろんな悪い誘惑を受けて、それを退けて悟っていったという部分は、本当はどうだったんでしょう？
　私は、あれは心の中の現象が神話的に語られている部分ではないかと解釈しているんですが、本当はどうなのか、気になります。
スマナサーラ　お釈迦様が自分が悟っているときのプロセスを説かれているものには、「マーラさんが来て邪魔した」という内容はないのです。
夢枕　やはり、あとでつくられたエピソードでしょうかね。
スマナサーラ　あとからですね。仏典には、マーラという神が現れたり邪魔したりすることがありますけど、悟りの瞬間に来てどうしたこうした、というのは、お釈迦様がご自身の口で語ったところの経典には、ないですね。

悟りのプロセス

夢枕　お釈迦様自身は悟りを得たプロセスをどんなふうに語っているんですか？
スマナサーラ　ただ菩提樹の下で、ソッティヤという人からもらった敷草を持って、ただ座って、「死んでも悟れないならばここで死にます」「悟ってから立ちます」という覚悟で座ったということが書かれています。
　それから初夜、中夜、後夜で順番に智慧の三明に達したことを説かれてあります。一切の執着を捨てる解脱の智慧に達したのは後夜なのです。日本では明けの明星を見て悟ったというのですが、実は完全たる悟りに達するときは明け方になっていたということです。そのときの心の中の成長ステージが順番で書かれています。徹夜して、明け方まで死ぬ覚悟で瞑想に励んだだけなのに、のちの人々は悟りに達したことがこの上のないたいへんなできごとであったと表現するために、仏伝にマーラとの戦い、マーラの誘惑などのドラマを挿入したのでしょう。そのときに「マーラさんが来てどうこう」というのはお釈迦様が語った経典ではないのです。

経典にあるマーラの原型

夢枕　それは基本的にはあとで、ほかの人達が付け加えたものなんですね。やっぱりそうなんですねえ。

スマナサーラ　文学者は、なんでもドラマチックに仕立てるのが得意でしょうからね。自分が怒ってずっと苦労していることは、その怒りを作品の中で人格化して戦いを書いたりもしますしね。マーラの登場は、そういったドラマチックにするための演出だと思いますよ。

ただ、あのエピソードの根拠になった神は、「経典にも出てくるあの神だな」という見当はつきます。天界は六次元ありましてね。その六番目にいる神が、けっこうお釈迦様の邪魔をして、いたずらするんですよ。

まあ、そのいたずらをする神は、マーラという普通名詞を使っていますが、彼の姓はナムチです。ナムチはたまたま来て、「お釈迦様になんとかして邪魔をしよう、からかってやろう」とたくらんだ一人の神です。一部のバラモン人も他宗教の人々もときどきお釈迦様の邪魔をしたり、お釈迦様に勝ってやろうとしたりしたので、経典に出てくるマーラの話はそれほどめずらしいことではないのです。菩提樹の下でお釈迦様一人で世界戦争に挑んだというのはフィクションになります。文学の世界ではフィクションは根拠のない嘘ということにはならないのです。マーラとの戦いというエピソードを通して、解脱に達することは無理に近いできごとであり、偉大なる人物だからこそ達することができたのだ、ということを表現したかったのでしょう。

第二章
悟りのメタファー

自由があって、自分が消える

スマナサーラ　先生の作品で、ブッダの心の闇が目立つとおっしゃってましたが、お釈迦様も「闇」という単語はお使いになっていましたね。「闇を破りました」という表現もあります。一般の人々に対して「闇の中に陥っているあなた方は光を探し求めないのか？」と叱った言葉もあります。自分の悟りについては「アーローカ＝光・照明」が現れましたと、光で表現していますね。

闇の中にいると身動きできない。自分の存在が小さいんですね。闇が大きくて重くて。そこに光がパッーと現れたら、自分が無限に広がるということになるんですね。

お釈迦様は文学的な表現をしていらっしゃいます。「光が現れてそれではじめて自由になる。闇にいると自由がありません」と。自分という存在が闇に抑えられてすごく小さくなってしまう、つぶれてしまうんですね。で、光が現れたとたん、自分も消えますけど、つぶれたわけじゃないんです。限りない自由があって、自分が消えるんです。

夢枕　自由があって、自分が消える……。お釈迦様が悟ったときというのは、どういう体験だったのか、私はちょっと見当がつかないんですけど、どうなんでしょうか。ちょっと説明していただくわけにはいかないでしょうか。それは体験しなければわからない部分だろうと思うんですけど。どうなんでしょうか。

悟りを表現する言葉

スマナサーラ　極限に自由になることで自分が消えるという、私なりの表現で悟りを説明したつもりですが、それでも理解できないというのもよく理解できます。概念、言葉はわれわれ俗世間の人間が五感から入る体験（見る、聞くなど）を表現しているのです。体験を合成して、新たな概念をつくることを「思考」というのです。ですから悟りを表現する言葉はないのです。悟りを頭で考えることも不可能です。

お釈迦様もね、「それだけは言葉にならない」「言葉の使える範囲はそこで終わりますよ」というふうに言ってますね。

瞑想やら神秘体験やら、いろいろな体験談みたいなことが世の中にはいっぱい出ていますよね。あんなのはしゃべることができますよ。恍惚感だとか、すごい喜悦感だとか。「たいへんな喜びに満ちあふれている」「光と一体になりました」「神を経験しました」とか。一部の仏教の場合は「阿弥陀様が見えてきました」とかね。なんとなくわかったような気がします。それでも本人の経験はどんなものかと理解できないでしょう。

でも、そんなものは六感の経験の一つ、脳のからくりに過ぎないんです。脳が大量にエンドルフィンを出しちゃうと、どうなるかわかったものではないんですよ。もちろん、ものすごい恍惚感だって感じますよ。

ブッダの語ったこと

スマナサーラ　お釈迦様の悟り、解脱というものは言葉の範囲を超えているのです。ですが「私しかわかりません」という態度ではうまくいかないので、お釈迦様が一般人に悟りについてではなく、悟りに達したときの気持ちで解脱を表現しているのです。

「闇は破れた。光が現れた。智慧が現れた。一切の煩悩が余すところなく、また生まれることもなく消えた。自由を得た。なすべきことをなし終えた。修行を完了した。再び輪廻転生して生まれること（苦しみの再現）はもはやありませんと確認できました」

なんとなくわかったような、わからなかったような気がするでしょう。それが説明できるぎりぎりのところです。この言葉の中にも、ひとつのメッセージが入っています。「解脱とは、最高によい境地だ。挑戦するに値するのだ」ということです。

一切の苦しみの終焉という表現もあります。涅槃そのものはその境地に達した人以外、頭で理解することは不可能です。仏道を実践する人々には、「苦しみをなくすことに挑戦しなさい」と言うのです。

苦しみは現実です。苦しみをなくす努力も無駄にはならないのです。

ご飯を食べることであっても、空腹という苦しみをなくす行為です。無駄な行為にはならない。空腹をなくしても、またその苦しみが起こるから終わりのない努力になります。終わりのない努力も、苦しみです。仏教徒は一切の苦しみをなくす努力をすればよいのです。「苦しみがなくなったら、どうなるもんかねぇ」と妄想するのはその人の勝手ですが、想像のつかないことでしょう。

ふたたび生まれないもの

スマナサーラ　そして、一度悟ると変わらない、ということをお釈迦様はたとえ話で説明されています。

生まれつき目が見えない人がいました。ある詐欺師がこの人にぼろぼろの、汚くて、見る限り気持ち悪い、人には着られない、なんの価値もない、触りたくもない服を持ってきて「これはもうたいへんな世界一流の豪華なブランドもので、とっても価値がある美しい服だ。触ってみてください。すごく気分がいいですよ」と勧めます。ぼろぼろですから触ってもすごく柔らかく感じますしね。で、「あなたにはぴったり似合いますよ」といってすごく売り込んだ。

その人は汚くて触りたくもない服を、高いお金を出して買い、着て、見栄をはって、生活していました。その服であちこちへ行って、服を自慢します。でもみんなは、その人は目が見えなかったので、「え、それちがうでしょう！」なんて厳しいことも言わない。「うーん、そうかなあ」ぐらいでね。で、本人は「おそらく羨ましがっているでしょう」と思っちゃうんです。なかには嘘つきの人が「すごく素敵で輝いてますよ」なんて合わせたりもしてね。

そこに、憐れみをもつ医者がきて、「これはかわいそうだ」ということで「あなたの目を治します」といって治療します。で、この人は目が見えるようになる。見えるようになったら、まずいちばん最初に見たいのは、自分の世界一かっこいい服なんです。見てびっくり。「いままでなにを着て生きてきたのか！」「なにを自慢して生きてきたのか！」と驚く。もう、手でも触りたくないほど汚い。いままで自慢していた服に対する執着は、まったくなくなります。

お釈迦様はおっしゃるんです。「あの人の心に、ふたたび〝あの服は素晴らしかった。もう一度、着てみたい〟という気持ちは生まれますか？」と。生まれるはずもありませんね。「そのように、人間は目が見えないんだ。真理は見えないんだ。私が憐れみをもった医者である。私が治療したら煩悩はなくなりますよ」と、おっしゃったんです。

夢枕　だから「一度だけ悟って、もどるということはない」ということですね。私たちがいったん気持ちよくなったりするのは、まやかしみたいなものですね。

スマナサーラ　ブッダが説く解脱にはもとにもどるということはあり得ないのです。

第三章

だれでも悟れる？

三番目のステージ

夢枕　在家の信者は、どうなんでしょう。在家でも悟りはどのレベルまで可能なんですか。

スマナサーラ　在家では三番目のステージまではいくんです。

夢枕　その三番目のステージというのは、どういうステージのことですか。

スマナサーラ　三番目では、きれいさっぱり欲や怒りは消えてしまう状態です。欲と怒りが完全になくなったら、本当は在家生活はできないんです。商売をしたり、仕事をしたりして生計を立てるためには、欲や怒りなども必要なように見えます。三番目のステージに悟った人は在家でいながらほぼ出家者と似たような生活をするのです。お釈迦様がその人のことを梵行者（修行者）と表現するのです。

ついでに説明しますが、仏教では悟りの位置で先輩後輩を決めるのです。高い悟りに達した人が先輩です。道場で五年間修行している人がいるとしましょう。道場に新たに入った人が二週間で悟りに達したとしましょう。その時点で道場生活が二週間の人が先輩なのです。仏教徒は悟りに達した人々を先輩として敬うのです。指導を請うのです。

タイにいる在家指導者

スマナサーラ　タイにもね、すごく精神的に優れている女性がいるんですよ。一人や二人はいると思いますけど、偉い先生で、ずーっとお坊さんたちが百人や二百人、集まってじーっと説法を聞いて、そのおばさんの指導で瞑想するんです。ふつう、仏教国ではお坊さんのほうがランクが上でしょ？

夢枕　タイなんかではとくにそうですよね。

スマナサーラ　そう。お坊さんに頭を下げなくちゃいけないでしょ？　でも実際、修行になってくるとそんなことはないんです。彼女はすごく戒律に対しても厳しいみたいですね。男っていうのはどこかでさぼっちゃうし、ふざけちゃうとだらしないところがあるけど、女性は細やかでしょうしね。きっちりしていて厳しいらしいです。指導も厳しいです。出家しているお坊さんたちも彼女の教えをありがたく聞いて、修行します。

しかし彼女たちも、お坊さんに頭を下げて礼をしてお布施をしたりはしますよ。それもやってますが、自分が先生でもあるんです。

夢枕　その女性は、日常的にはどのような生活をしてる人なんですか。

スマナサーラ　私は本でしか会ったことがないんですけど、もういまはかなり大きな道場をつくって、ずーっと一生、修行生活ですね。服は在家の服ですけど、おしゃれはとうぜんしませんし。なかなかの方です。

夢枕　そうですか、そういう人がいるんですか。

滅多に人を褒めない長老が褒めているんで、その女性がすごいんだなと余計にわかりますね。ふだん、いろんな人を褒めている人が、ほかの人を褒めても、「またか！」という感じですけど。

スマナサーラ　いえ、褒めている人はけっこういますよ。私は性格が悪いからなにを見てもなにかけちをつけますけどね（笑）。

プログラムは共通

夢枕　基本的には、なんらかの修行をしないで自然にそこまで到達する人というのはあり得ないんですよね？

スマナサーラ　そう、それはあり得ない。悟りに達するプログラムは万人に共通なのです。だれでもそのプログラムのとおりに修行するのです。修行はどうしても欠かせないんです。修行がなくても悟れるということは、論理的にあり得ないわけではないのです。しかし現実的にあり得ない。

夢枕　現実にはあり得ないということですね。論理的にはあり得るということだけど、現実にはない。

独覚ブッダとは

スマナサーラ ただ、「独覚ブッダ」っていう概念があるんですね。

夢枕 ああ、はい。自分のために悟る。その悟りを伝えないブッダですね。

スマナサーラ 「自分のために」は訂正したいんです。自分ひとりの努力で、独りで悟るという意味です。独覚ブッダをパーリ語でパッチェーカブッダというのです。パッチェーカとは個人、人それぞれという意味です。独覚という訳語は合っています。

われわれはお釈迦様の教えを聞いて修行し、たとえ最後の悟りまで進んでもお釈迦様の弟子なのです。教授の下で研究して博士号を取ってもその教授の弟子という立場は変わらないのと同じです。教授の学位も「博士」なのにね。

それとはちがって、「独覚ブッダ」というのは、師匠なしで自分だけで修行して悟る人のことですね。そういう人を「独覚ブッダ」といいます。しかし独覚ブッダには、言葉にならない、言葉で語れない、最高の幸福である悟りの境地に達する道を、他人に教える能力がないのです。

独覚ブッダたちのエピソードなどではなにかのきっかけで突然悟ったという物語もあります。しかし仏教は修行をないがしろにして悟れるとは思わないのです。突然のなにかのきっかけで悟りに達する人々も過去生で必要な修行の済んでいる方々です。一つの大学で必要な単位をすべて取って、別の大学に入学して、卒論を提出して卒業するような感じでしょうかねぇ。

第七部

「私」をめぐる謎

第一章

我思う。ゆえに……

主観を乗り越える

夢枕　いま、日本では日本人のお弟子さんに教えたりしていますか。

スマナサーラ　教えていますよ。

夢枕　それは、だれでもそこへ行って「お願いします」と教えを乞えるような形でやってらっしゃるんですか。

スマナサーラ　だれにでも教えます。宗教・信仰、なにも聞きません。すぐ、さっと教えてあげます。「これをやってみなさい」と。科学ですからね。宗派とか関係ないですから。もし私の言うとおりにやるなら、なんのことなく成功はします。でも、なかなか言うとおりにやる人はいないんです。

夢枕　それは難しいでしょうね。

スマナサーラ　いえいえ、言うとおりにやるのは簡単なのです。どうしてしないのかというと、みな自分のくさった思考でなにもかもごちゃまぜにするからです。自分の主観を乗り越えることが、本人にとって難しいみたいですね。そこは乗り越えないといけないのだ、と厳しい言葉で言っています。「我思う。ゆえに我は正しい。そうあなた方は思っているでしょう?」とよく言います。これはデカルトをからかう目的もありますけどね。みんな、いちおう「ちがいますよ」という顔をするんですね。

仏教とデカルトは噛み合わない

夢枕 デカルトのフレーズをもじって。

スマナサーラ そう。「デカルトの思考は間違い」と私は言っています。「我は思う。ゆえに我あり」というのははじめから成り立たない命題ですよ。真理は、「認識によって『我あり』という幻覚が生じる」ということです。「思う」とはどういうことでしょうか。瞬間瞬間、無数のことを思うのです。子どものときに思うことと、若いときに思うことは、まったくちがいます。おとなしい人が犯罪者になったり、犯罪的な思考をもっている人が自分の思考を改めたりもするのです。一瞬先、われわれはなにを思うのか、だれも知らないのです。

というこことは「思う」はあてにならない、瞬時に変化する、予測もできない感情の流れなのです。それは身体に触れる情報によって変わるものです。「思う」とは「自分の身体」というほどの確かさもないのです。「思う」は無常なので、「ゆえに我あり」はまったく成り立たない考えです。「私には十分収入がある。ゆえに私は貧乏です。私はお金を借りて生活している。ゆえに金持ちである」というような矛盾に満ちた理屈です。

　現実はどうでしょうか。その「我」という幻覚から、「我は思う。ゆえに我こそが正しい」という生き方が現れてくるのです。それで私は「認識のからくりを破らない限り、『我こそが正しい』という間違いから、あなた方は抜けられません」と説明するのです。

　例を出しましょう。たとえばコップを見て「これはなんですか？」と聞きます。「それは水が入ってるガラスです」と答えます。それは本人が思ったことなんですね。「では、これはヒヨコだと思ったらどうですか？」というと「ちがいますよ！　それはガラスに決まっているでしょう！」という態度をとります。

　あるいは紅茶を飲んでみて「おいしい」と思ったら、それは「自分にとっておいしい」のです。それはしょうがないことなんです。だから「我が思ったものは、我にとっては唯一正しい」ということになるのです。われわれの思考と、概念と、感情とは、すべてそこから生まれてくるのです。ですから「我こそは正しい」ならば「世界が間違っている」ということになります。それで、小さな「我」が世界全体を敵にまわすことになって、限りのない苦しみの世界が現れてくるんです。

　そこは認識のバグが入ってますからね。手術して治さなくちゃいけないのです。手術とは修行のことです。だから、仏教の瞑想というのは苦行にはまったくなりません。ただ、「我は思う」という認識プロセスを管理するのです。

瞑想で心が変わる

夢枕　実際に日本人で、あるところまでいった人というのはお弟子さんのなかでいますか。

スマナサーラ　います。

夢枕　そういう人たちの日常的なことは、ときに変わっちゃうんですか。

スマナサーラ　かなり変わります。ですが、いきなり厳しい人になるとか、禁欲的な人になるとか、もしもそういうイメージがあるとしたらそれはちがいますね。一言でいえば、明るく、楽しい人になります。

たとえば、性格に柔軟性がない人は人間関係でトラブルを起こしやすいですが、それが変わります。本人はすごく楽になるし、まわりもその人との関係はひじょうにスムーズになる。

こういう例があります。ある老夫婦の話です。ある人が「もう一〇〜一五年くらい、奥さんが口をきいてくれない」といって相談に来た。まあ、なにかやっちゃったんでしょうね。「お互いもう年ですけど、私は相手のことをすごくかわいそうだと思ってます。若いときは私が確かに悪かったんです。ですが私がそれをいくら認めて謝っても許してくれない。一緒にいるのも嫌だといって娘と結託して、自分とは別に行動するんです」とその人が私に言うんですね。まだ別れてはいないし、別れたくもない。奥さんに対していろいろ心配な気持ちももっている。「どうにかならないのか」という相談だったんです。

私はいくらか俗世間的なアドバイスもしましたけど、まあ、とりあえずそれは措いておいて「あなたの人生のことだけを考えて瞑想をやってみたらいかがですか？　いまは奥さんにも会わないし、やることないでしょう？」と勧めました。本人も納得してはじめたんですね。それでまあ、いくらかずつ成長していったんです。そして次の瞑想会には、なんと奥さんも来たんですね。

夢枕　来たんですか。少しうまくいったということですか。

スマナサーラ　だって、一〇年以上、口をきかなかったのに、二人で来たんですからね。

ない、ない、ない

スマナサーラ　悟りについてもう一つ、また言葉にできない世界のことをお話しします。悟った人をふつうの人の目から見ると、どう見えるのかということです。

われわれは怒らないように頑張っています。欲張らないように、頑張っているんです。それが悟ったなら「怒れない」状態になるのですね。怒りたくても怒れない。欲張りたくても欲張れないようになる。素直に、ふつうに生きている。しかし怒れない、欲張れない、無知になれない。ふつうなら怒るような状況になっても「あら？　そんなことで怒るの？」という感じなんです。

たとえばだれかが不注意で、その人の大切にしてるガラスのコップを割ってしまったとします。ふつうなら「あなた、なんてことするんですか！」と怒る可能性がありますけど、「ああ、コップが倒れて割れてしまった。それくらいのことですけど」という感じになるんです。自我がない人には「他人」というものもないんですね。だから、ただものごとが起きただけ。だから怒れないんですよ。怒らないのではなくて、怒れない。嘘をつかないのではなくて……

夢枕 つけない。

スマナサーラ そう。ですからわれわれは「悟った人に戒律はない」というんですよ。「(嘘を)つけない」「(怒ることが)できない」になっている人は、「我」という幻覚が完全に破れているんです。理路整然と、ものごとの因縁の流れだけを見られる智慧が現れているんです。ほとんどの悟ってない人は、「(嘘を)つかない」「(怒ることを)しない」のレベルで頑張らなくちゃいけないんですね。

第二章

「私」とは

「私」が先か、行動が先か

夢枕　「我」は幻覚であるという話をしていただきましたが、仏教の中で「私」とか「アートマン」とかいわれてるものについてお聞きしたいんですけど。最近、私が読んだ本の中にあった話で、人間の脳で実験をしたときに、たとえばコップを持つという動作をするときに、脳の中で「私がコップを持つ」という命令をする前に動きが始まっていて、動きが始まってから「私」がその動作を認識しているらしいんですよ。

スマナサーラ　うん、いくらか合ってるんですね。

夢枕　最初になにか行動というか、まず身体の動きみたいなものがあって、そのあとから「私」が出てくるということが、脳の実験でわかった。つまり、それって「私という存在は実はない」というような実験結果ですね。私の言い方が当たっているかわかりませんが。

スマナサーラ そうそう。私もそう思います。どんな本ですか？

夢枕 『マインド・タイム 脳と意識の時間』（ベンジャミン・リベット著、下條信輔訳 岩波書店）という本ですね。アメリカ人の行ったある実験のことを書いているんです。「脳はなぜ心をつくったのか」というテーマで書かれた本です。

スマナサーラ ちょっとちがいますね。「脳はなぜ心をつくったのか」じゃなくて「脳はなぜ自我をつくったのか」と変えないと、科学的じゃないんです。「心をつくっただなんて間違い！ 自我でしょう！」と私は言います（笑）。

夢枕 作者に言いたいところですね（笑）。

「私」の役割

スマナサーラ まあ、本を読んだわけではないから、はっきりしたことは言えませんけど、仏教の説明も脳と心の関係で言うとほぼ同じなんですね。ものを見る場合、まずはじめに「見える」。それから『私』には見える」。だから「私」という概念はあとで生まれるんですね。なんていいますか、認識したものをぜんぶまとめるために「私」ができるんですね。たとえば、レモンを食べてみて、「あ、酸っぱい」と酸っぱさを感じる。それを「私は感じました」とまとめる。それと同時に流れてくる音楽を聴く。聴覚の気持ちよさを感じる。「私は音楽を聴いている」とまとめる。

そのように眼耳舌身の感覚を、私は見た、聴いた、味わった、感じた、と「私」という言葉でまとめてみるのです。その感覚について「意」で考えることにするのです。それも「私は考えている」とまとめるのです。「私」というのは先にあるものではなく、身体に起こる感覚を一束にまとめるために使うラベルに過ぎないのです。

夢枕　その本では本当にそういうことを言っているんです。だから、仏教はそういうことを発見しているわけで、つまりはむかしの人が実験をしないで観察というか、自分の心を探ることだけで見つけた真理に、ようやくいま科学者が実験をしてたどり着いたところだと言えるんですよね。

スマナサーラ　本当は、もういまさら実験する必要はないんですよ。とっくのむかしに、十分実験しているんですから。そして、「私」という意識があるがために、人類はずーっと苦しんでいるということを発見したんですからね。

「私」と「私」

スマナサーラ　「私」というのは恐ろしいんですね。夫婦喧嘩をするのも「私」という意識があるからです。こちらに「私」があって、向こうにも別の「私」があるんです。

あるいは、なぜ北朝鮮と日本が、いろいろ作戦を練って外交しなくてはならないかといったら、北朝鮮は北朝鮮の「私」で、日本は日本の「私」だからでしょう。

親の亡くなった場面を考えても同じです。なぜ、親が死んだら悲しくなるのかというと、「私」の親が亡くなったからなんですね。悲しむからといって、「『私』は優しい人間だ」というわけではないんです。世の中でいっぱい親は死んでいるのに、「私」の親が死んだときだけ、悲しいんです。だから、あらゆる怒り、嫉妬、憎しみ、悲しみ、戦争、論争、ありとあらゆる争いというのは、「私」という一言が生みだしてるんですね。では「私」という実体があるのか、ということなんです。よーく観察したら、「『私』が生まれるのは感覚のあとからです」ということになるんです。

夢枕 そうなんです。「私」というのは脳がつくっているみたいなことを書いています。

「私」ってなに？

夢枕 つまり、進化という流れの中で、「私」という存在を脳がつくったほうが、生き残りやすかったからということでしょうか。

スマナサーラ そう、「私」というのは、ちょっとしたラベルなんですね。しかし、知識として「あ、そうなんだ。『私』づくりは脳がやってるんだ」とわかったとしても、「私」を後からつくっているということを経験して理解したことにはなりません。

経験によって、しっかり学ぶことはまた別です。そのために、われわれは瞑想するんです。瞑想によって、「認識が生まれるプロセス」を観察して、発見するんです。「そうか。認識が生まれるプロセスというのは実に単純なことなのに、『私』というラベルを貼ってつなげていたんだ」と、わかる。「『私』っていないんだ！」とわかる、あの解放感といったらね。

夢枕 楽になるんでしょうね。この人も、ようやくそこにたどり着いて「楽になった」と書いてあります。

第三章

脳と悟り

脳の機能と梵我一如

夢枕　もう一つ脳の話をさせてください。これは『脳はいかにして〈神〉を見るか―宗教体験のブレイン・サイエンス』（アンドリュー・ニューバーグ＋ヴィンス・ローズ＋ユージーン・ダギリ著、茂木健一郎訳　ＰＨＰエディターズグループ）という本に書かれていたことなんですが、ある実験をして瞑想をしている人の脳波と、脳に障害をもった人の脳波を調べているときにわかったことらしいんですけど。

脳のどの場所か忘れてしまったんですけど、その本の中では、方向定位連合野と呼んでいる脳のその場所に障害をもった人、その場所が機能しなくなった人が、自分と他者を区別できなくなってしまうそうなんです。ふつうは、自分がここに居て、あそこにテーブルがあって、ここに本があってと、自分と他のものとの区別がつく。でも、この病気になると、目の前にあるコップだとかテーブルだとか部屋とかそういうものと自分との区別がつかない。つまり、その病気の人は常に「宇宙と私は一つである」という認識を持ってしまうというんですね。これは、病気であって病名もちゃんと付いている。見ているものがぜんぶ自分に見えるというのは、仏教の「梵我一如」の考え方・状態だと思います。その人の脳波の状態と、瞑想状態でいちばん高いところまでいった状態の脳波が、すごく似ているということが、その本の中に書かれてるんですね。

これとは少しちがうのかもしれませんが、たとえば断食などをして、ある一定期間を過ぎると、瞑想状態に近い状態になるといわれますよね。それは、おそらく脳内麻薬のようなものが出ているんだろうと思います。そういったことと、実際に修行でそういう状態になることとのちがいはなんなのか、知りたいと思うんです。あるいはちがわないのか、いずれにしても興味があるんです。

脳の中の現象として悟りを理解するというのは、どうなんでしょう。ある意味では同じ部分があるのか、いや実際は、表面上は似ているけれど別ものなのかというところをうかがいたいんですけど。

知識では説明できない

スマナサーラ 「梵我一如の経験は最終的な宗教体験だ」といって瞑想する人々が達しようとする境地と、脳になにか故障が起きた人の認識機能は似ている、というのは興味深い話だと思います。達する目的が同一であるならば、難しい修行をするか、簡単な方法で自分の脳を壊すのか、決めればいいのではないかと、辛口も言いたくなりますね。梵我一如、唯一の神などの宗教を教える人々にとっては、冒涜になる研究結果ですね。聖なる宗教体験と脳に障害をもっている人が同じになってしまいますから。仏教のテキストに梵我一如という言葉がたびたび出ているかもしれませんが、それは仏教徒は気をつけるべき邪見の一つです。仏教徒が目指す境地ではありません。そこで明確に見える問題は「私」という実感のことです。「私」という錯覚の実感が、私という個人としての小さなものであっても、また梵我一如という最大限に拡大した気持ちであっても、「私」というのは経験のあとからつけるラベル以外のなにものでもないのです。

人間の問題は「私」という錯覚があるから起こるものです。認識過程を明確に観察して、どのように「私」という錯覚が起こるのかと、発見しなくてはいけないのです。仏教が語る瞑想体験は脳が完璧に機能しないと起こるものではないのです。仏教の悟りの場合は脳になんの変化も起こらないだろうと思います。しかしふつうの人の脳とちがって脳は元気に活動するのではないかと思います。

いま紹介なさった本は脳を現代科学的に見て、脳のはたらきを知識的に説明するものです。知識による説明は、ぜんぶ「私」がつくり出した知識なんですね。だから結局は泥沼からは抜けていないんですね。そこは難しいのですけどね。

大切なのは心の変化

スマナサーラ　たとえば、そういう研究をした方は「『私』というのがあとから出てくるものだ」とわかって楽になったと言いますが、ではそれきりもう怒らないのでしょうか？　欲は出てこないのでしょうか？　そこを調べなくちゃいけない。その人の中の「私」がほんとに消えたのかということこそ、調べるべきことなんですね。

「これっきり怒らなくなった」「欲は出てこなくなった」「差別ができなくなった」。そういうなら、そうとうの成長なんです。「私」というのは幻覚ですからね。消えるんです。幻覚の起こることが消えたなら、ものごとはずーっと変化し続けている、ただの流れです。ただの流れ、ということを理解すれば、「私」という幻覚は起こらない。「私」という幻覚が起こらなければ、心に怒りは起こらない。欲が起こらない。差別も起こらない。

夢枕　いや、この人たちはたぶんそういう状態じゃないと思いますよ。それは、私と同じで、日常的ないろんな感情の波からは逃れられてないと思います。

スマナサーラ　ですからそこらへんがポイントになりますね。私たちは「理屈は別にいい」と考えます。理屈で納得しても人の気持ち、性格、生き方はなかなか変わらないのです。感情に操られている人間としては、超一流の知識人もふつうの人間もあまり変わらないのです。とはいっても、知識を駆使して理解していくと性格も変わっていく場合もあります。知識で事実を発見すると心に「ひらめき」が起こることがあります。

悟りと脳の開発

スマナサーラ　仏教は他人を対象にして科学的な実験はしませんが、自分を実験台にして真理を発見する教えなのです。お釈迦さまが発見した真理を、仏教としてあきらかにしているのです。私たちは科学研究の成果を発表している本を読んで、その真理を理解したり心が変わったりすることがあります。しかし実験はしていないのです。同じことが仏教を学んで理解しようとすると、起こり得るのです。ようするに瞑想実践をしていないのに悟りに達してしまうことです。

理性の優れた人であるならば、仏教を学んで理解し納得することで悟りの境地に達します。悟りは四段階で達するものです。知識を駆使すると悟りの第一ステージに達します。それは固定した、変わらない自我はあり得ないことだ、と発見することです。それでも心に自分という自覚が残っているので、欲、怒りなどの煩悩が薄く働くのです。

自分という実感のからくりを発見するためには瞑想実践が必要になるのです。二番目のステージから四番目のステージの悟りに達するためには、瞑想実践（実験）は必要です。

これは脳に障害のある人たちの経験とはちがいます。脳をぎりぎりまで開発することなんですね。

智慧か、快楽か

スマナサーラ　瞑想する人には、脳の能力をぎりぎりまで上げてもらうんです。「できる限り、ぜんぶやってください」と言います。そうすることで、「ああ、私というのはないんだ」ということが、自分の経験から出てくるんです。「ない」と見えたんだから、それからは、もう終わりです。「自我」は消える。

夢枕　私らはなにかやって、エンドルフィンとか脳内麻薬が出た瞬間だけいい気持ちになって、消えるともとにもどるということの繰り返しですね。

スマナサーラ　とくにブッダの瞑想では、エンドルフィンが出はじめちゃうと「たいへん危険」としてカットしてもらうんです。ヨーガのようにふつうに知られている瞑想をやって「気持ちよかった」というんですね。みんなエンドルフィンが出た状態に執着しているだけです。仏教はエンドルフィン中毒を目指していないのです。目指しているのは智慧です。智慧を目指す実践の途中で脳がエンドルフィンを出すならばそれは脳の勝手でかまいませんが、エンドルフィンがつくり出す快感に執着すると智慧を発見する作業は中止になります。

瞑想の世界の問題もこれです。エンドルフィンが悪いわけではないのです。脳がそれをつくり出してくれるならば、明るく楽しく生活ができるのです。智慧を開発する人はその快楽にふけらないように、気をつけなくてはいけないのです。

ありのままに見る

夢枕　麻薬を欲しがってしまうような状態になってしまうんでしょうね。

スマナサーラ　そうです。瞑想では脳内物質はいくらでもつくれますからね。麻薬を飲んだのだったら、麻薬が効いている時間だけでしょう。でも、瞑想ではそうではないのです。ただ物質を脳内でつくるだけのことですからね。脳を開発してしまえば、脳はいくらでもエンドルフィンをつくる能力をもっています。ですから「麻薬を飲むかわりにつくっちゃえばいいや」ということになってしまいます。だから危険なんです。

危険といっても、俗世間的な意味では危険ではありません。そこは麻薬とちがいます。むしろその人はすごく健康で明るく元気で、なにかに思い悩むような性格ではなくなります。しかし、悟りには達しないのですね。

悟りに達する道というのは、かなり険しくて、厳しいのです。「ありのままに見る」ということがいちばん難しい。これができるようになってくると、世界の見え方が変わってしまいます。いま見ているような、こんなに面白い、美しい世界は見えてこないんです。極限につまらない世界が見えてくるんです。つまり、「ありのままに見る」ならば、一切の現象は「無価値」であると、わかるのです。

第八部

ブッダの姿

第一章　ブッダのインド

仏教はインドに合わない

夢枕　現在、インドでは、ほとんど仏教っていうのは少数派になってしまって。

スマナサーラ　ないに等しいくらいです。

夢枕　どうしてなんでしょうね。本家本元なのに。

スマナサーラ　私はこのあいだインドに行って、いろいろな状況を見てきました。思ったのは「ブッダはこんな世界に生まれて運が悪かった」ということです。「二一世紀にもなってこんなレベルだったら、これからもインド人にブッダの教えはわかるはずがないんだ」ということです。お釈迦様ご自身も、よく苦労されたものです。インドの人々の思考には、ブッダの教えが合わないんですよ。

夢枕　インドのヒンドゥーの文化と仏教は、実は合わないということなんですか。

スマナサーラ　まったく合わないんです。なにせインドでは、ゾウさんの顔した頭のでっかい神様のことを拝むでしょうに。ガネーシャといって、シヴァ神という絶対的神様の息子です。シヴァ神と奥さんとガネーシャは三人セットで信仰されていますが、三人ともまともじゃないんですね。

仏教は無視できない

夢枕　ヒンドゥー教だといま、お釈迦様の位置は、ヴィシュヌの化身の一人になってしまってますよね。

スマナサーラ　仏教の教えを無視したいのかもしれませんけど、結局できないんですね。認めざるを得ない、受け入れざるを得なくて、そういう方法を考えついたんですね。そこまでからくりをしてもブッダの教えは真理ですから、完全には「捨てられない」ということですね。

夢枕　インドの人たち、アーリア系の人とちがって、ブッダはネパール系で、そういう人種のちがいで、ブッダが頭角を現したということはありそうですか。

スマナサーラ　そうでもないでしょうね。やっぱり偉大なる人間というのは突然現れますから。もう明確に「天才の中の天才」でしたからね。学問というのはすべて一発で学んで。子どものころに王宮のバラモンたちについて勉強したのですね。すべての分野で「聞いた、覚えた、終わり」。さっさと終わってしまったと仏伝を記した仏典にありますね。逆に先生に解説してあげていましたからね。あんまりにもすごい能力なんですよ。

バラモン人たちにしてからが、自分の宗教上の疑問・問題があると「ブッダが知っていますから」とブッダに聞きにいきます。バラモンの知らないところまで知っているんです。この能力というのはすごい。そのうえ瞑想までして、またいっぱい能力を身につけます。

仏舎利のパワー

夢枕　お釈迦様の遺骨、仏舎利って、本物を置いてあるところというのはあるんですか。

スマナサーラ　ありますけどねえ。まあ……

夢枕　むかしの火葬だと温度が低いので、たとえば歯だったら歯を一つ持ってきて遺伝子をたぶんチェックできるんじゃないかと思うんですけど。いや、そうすればブッダがどれだけすごい能力の持ち主かわかるんじゃないかと思いましてね。でも、それはたいへん不謹慎なことですかね。あり得ない？

スマナサーラ　触らせたりすることはありませんからね。そんなことはもう……。私たちだって触りません。

夢枕　仏舎利といっても、無いところも多いですよね。本物じゃないところも。実際は、どこのお寺に本物があるんですか？

スマナサーラ　考古学的に発掘して見つかっているところは、ちゃんと骨壺に書いてありますからね。スリランカにもありますね。

仏舎利の本物があるところはよくわかります。その場所にはパワーがあって、明るいんですね。だれが行ってもたいへん気分が良くなってしまいます。一方で「これは仏舎利です」とうたっていても、本物ではないところは、別にどうということはないんです。

ブッダガヤの太陽

スマナサーラ　先生はインドのブッダガヤの菩提樹にはいらっしゃいましたか？

夢枕　私は行ってないんですよ。インドには二回ほど行っているんですけどほとんど一泊だけで、ネパールに行くときに、ちょっと一泊したりとか、飛行機のトランジットのときにだーっと外へ出て駆け足でまわって、すぐ次の日に出ちゃったみたいな感じだったんで。

スマナサーラ　行ってみてほしいですね。インドをずっとまわってから後にブッダガヤの菩提樹に行くと驚きます。いきなり「ここにだけ太陽がある！」という感じがするんです。

夢枕　あ、そうですか！　じゃあ今度ぜひ。私はすぐ山のほうへ行ったり、川のほうへ行ったりしちゃうので。でも、仏跡をぜんぶまわってはいられませんよね。時間的なことを考えると。

スマナサーラ　だいたい、一〇日でほとんどまわれますよ。すごく走りまわるはめになりますけど。まずブッダガヤですね。ベナレス近郊です。

夢枕　ルンビニーは？

スマナサーラ　ルンビニーも素晴らしいですよ。お釈迦様が生まれたところだからね。その、あの雰囲気っていうのはねえ。まわりとはまったくちがいますからね。そこを出たとたん、またいきなり暗い人間の世界にもどるようです。

夢枕　霊鷲山は？

スマナサーラ　どうってことない。霊鷲山のあるあたりはラージャグリハという名前ですね。仏蹟としてはまわりますけどね。

平和な場所

スマナサーラ　パレスチナには「西洋の宗教が生まれた場所」とされるイエルサレムがあります。しかし、あの場所の歴史は、もうはじめから人殺し、人殺しばかり。

いまもイエルサレムはイスラム教、キリスト教、ユダヤ教の宗教対立で、いつ殺されるかわからない、そういう感じがありますね。実際にたくさん人が死んでいる場所なのです。日本人は行けますけど、人によっては行くのが難しい場所です。われわれ仏教僧が行ってもなにかいろいろトラブルがあるかもしれません。

それとは対照的に、お釈迦様が悟った聖地、ブッダガヤにはだれもが自由に入ることができます。民族も、言語も、服装も、なにも関係ありません。ブッダガヤという同じ場所で、チベット人がチベット人のお経をあげ、ミャンマー人がミャンマー人なりのやり方をし、タイ人がタイ人のやり方をする。スリランカ人が行けば、スリランカ人のやり方をするのです。見学したいだけなら見学する。ヨーロッパ人はヨーロッパ人で勝手にいろいろやったりしています。

もう、だれが来てもなんのこともない、あの解放感。極限に平和な場所なんです。まったくちがう国の二人が、ちがうお経のあげ方で、並んで唱えています。

私たちが行ったときにね、「菩提樹のところでお経をあげましょう」ということになりました。ですがすでに場所はいっぱいですからね。場所を確保しようと交渉したら、チベットのお坊さんたちが「ああ、どうぞどうぞ」と場所をあけてくれたんです。だからチベット人のあのへんな、なんだかいろんなものがくっついてる祭壇の前でお経をあげました。私たちテーラワーダ仏教にしてみれば、チベット人の祭壇は気持ち悪くて大嫌いなんだけど、しかしブッダガヤのあの場所だと、なんにも気にならずに、「チベット人も、ほんとに仏教徒で、兄弟です。場所を譲ってくれてありがたい」と一生懸命、自分のお経をあげることができるんですよ。

夢枕　ぜひそういうのを見てみたいですね。再来年ぐらいに行こうかな。

スマナサーラ　ブッダのあの力はすごいんですよ。ルンビニーもそうでしょうしねえ。クシナガラとか、ブッダが行った場所はどこでも素晴らしいです。いちばん太陽が輝いているのは、菩提樹のところですね。

第二章

ブッダの出家

夢枕的ブッダの世界

夢枕　私は、ブッダがなぜ出家したかにひじょうに興味を覚えますね。なぜ仏教に興味をもったか、きっかけは西遊記だったとお話させてもらいましたが、そもそもブッダに興味をもったのは、まず仏教の創始者であったというところなんです。

最初、仏教に興味をもって「それをつくったブッダという人は、いったいどういう人だったんだろう」と興味をもった。そして次に惹かれたのは、「ブッダが出会った悟りというのなんなのだろうな」ということです。私の中で、ブッダが仏教をつくったことと悟りということへの興味がひじょうにくっついていますね。

最初、子どものころですけれど、とくべつな興味をもつ前は、お釈迦様のことを、神様のように祈れば願いを叶えてくれるような存在としてとらえていました。日常の中で出会う神様、なにか困ったときはお釈迦様に祈るとか、「手を合わせればなんとかしてくれる」というような神格化されたイメージでした。

それが、いったん仏教に興味をもって、仏教の創始者であるブッダのことを考えていくとですね、すごく生身の人間としての悩みであるとか、いろいろなことがわかってきて、すごく身近なものになってきたんです。だから『涅槃の王』の創作にもつながるわけですけど。

「生き方」探しとブッダ

夢枕　生身のことというのは、「ブッダが釈迦族の王子として生まれて、若いときにたいへんな贅沢をした。しかし、生まれて、病気になって老いて死んでゆくことを考えると、その贅沢にどういう意味があるんだろうかと考えるようになる。そこで、答えを求めて、贅沢な生活を捨ててしまう」というところですね。そして、イエスのように復活しない。ちゃんと老いて死んでゆく。そういう人生に惹かれていったと思うんですね。
やはり若いころっていうのは「自分の本当の居場所がどこかにあるんじゃないか」ということを考えたりするものですよね。とくに十代のときって「生き方」についてすごく一生懸命、考えてしまうものだったりします。「自分は本当はどこに立つのがいちばんいいのか」と考えている時期に、ブッダへの興味が重なって、自分の中でのブッダっていう存在が大きくなったんだと思います。ブッダの生き方というのは自分の中ですごく刺激的だったんですよ。

「いつかブッダのことは書きたいな」と思って、その想いが『涅槃の王』という長編になったわけですけど、とにかく、ブッダがなにを思って出家して、悟りにたどりついたのか、ひじょうに興味があるんです。

山へ

夢枕　私なんか、いまは多少、歳をとったので「あのころは若かったな」と思うけど、十代、二十代じゃないとできなかったことがいっぱいあったなと思ってまして。

私の場合は、生き方を探すというのが出家ということじゃなくて、山に行くことだったんです。南アルプスとか北アルプスとかへ行きながら、だんだん最後にはヒマラヤのほうに移っていくんですけど。山を歩きながら自分のことを考えるという感じでしたね。

私はいま五八歳なんですけど、私たちの世代というのは山に登る人たちが大勢いて、大学にはかならず山岳部があって、みんなが山に登っていたような時代でした。いまはあまり他人に干渉しない世の中になったから、もうそんなにないと思いますけど、むかしは合宿で一緒に山に入ると「おまえはなんのために山に登るのか」という話にかならずなるんですよ。先輩から聞かれる。聞かれれば、それなりに答えなきゃいけない。有名なエベレストに登ったジョージ・マロリーの「そこに山があるから」みたいな言葉を引き合いに出したりしながら答えるんですけどね。

山に出会い、仏教を考え

夢枕　出家した人がやる修行とはちがうと思うんですけど、山登りはある意味では修行みたいなところはありましたね。重い荷物をわざと背負わされる山岳部は苦行に近いかもしれない。石をザックの中にいっぱい入れて、階段を上ったり下りたり上ったり下りたり、ずっとやっているんですよ。私はそれが嫌で山岳部には入らなかったんですね。結局、山岳部に入らない自己流の山屋（やまや）になっちゃったんですけどね。

ひじょうに「山に登る」ということと、「どう生きるか」ということはシンクロしていた時代でしたね。嫌でも聞かれちゃうんです。「おまえはなんのために生きているんだ」ってね。

私が大学生のときには「学生運動」が盛んで、私たちが授業をしているときに、私たちと同じ生徒が顔を隠してヘルメットを被ってね、授業を邪魔するんですよ。教授に「自己批判をしなさい！」って迫るんです。当時、ベトナム戦争があって「ベトナムでいっぱい人が死んでいる。そういうときに授業をやっていていいのか！　おまえは答えなければいけない」って言ってね、私たち生徒にも先生にも無理やり生きる意味を迫ってくる時代だったんですね。私みたいな軟弱な人間も、なにか答えなきゃいけなかった。そういうときに山に出会って、それから仏教というのを少し考えながら過ごしていたんだと思います。

出家の理由

スマナサーラ　お釈迦様はなぜ、出家したのか。例をあげてお話ししたいと思います。

きょうの朝、テキストをひとつ編集していました。そこに、ちょうど七歳の出家した子どもの話が出てきました。

七歳の子が出家するというと、世間の常識では「異常だ、へんだ」と思うでしょう。「なにかそれなりの理由があるにちがいない」と考えるんですね。

一般人の考えでは、一つには「出家するには、なにかひどい目に遭っていなければだめだ」という偏見があるでしょう。「世間の流れに適合できなかった」というのが世間の常識としては必要なのです。

その考えに対して私は辛口に書きました。「世間の常識とはこういうことです。子どもは勉強すること。大人になったら仕事を見つけること。そしていくらかお金を儲けて結婚すること。家族を守ること。子どもが生まれたら奴隷みたいに子どものために身を粉にして仕事をすること。子どもが独立して出ていったら孫の奴隷になること。年をとって病気になって、自分で身動きできなくなったら家族に嫌がられてお荷物になって死ぬことである」。七歳で出家というのは、この常識のルートからかなりずれています。ですから「おかしい」と思うと思いますよ。

しかし、世間の道をよく考えてみてください。「なんだ、この世間の道っていうのは！」という話でしょう。そんなにも必死になって「世間の道を歩め！」なんて言えるものじゃないでしょう。アホらしくて見ていられないです。

だれであっても、必死に勉強したところで適当な職業に就くだけであって、ずっとみじめに仕事をやり続けるしかありません。結婚したら子どもの奴隷になるだけです。子どものことでさんざん悩んだりして、孫ができたらおじいさんおばあさんをおもちゃにしちゃう。歳をとった人たちが「ああ。はいはい」なんて、孫のご機嫌をとって、なんだかみじめなものですよ。孫を連れて言いなりになって遊んでいる、みじめなおじいさんを私はよく見かけます。まあ、当のおじいさんは喜んでいますけどね。

子どもがいても、歳をとって自分が寝たきりになったら面倒をみに来ない。孫も学校があり、宿題があり、塾があるからといろいろ理由をつけて来ない。そのまま自分一人で死んでしまったら、葬儀屋さんがきます。そうするとはじめて子どもや孫たちも、お葬式用の服を着て、合掌して、なにか粉をかけて帰ってくる。それで成仏だというんですね。日本風にいえばそんな程度。それは外国でもたいして変わりません。ガラッとちがう大胆なことは、だれもやっていません。つまりそれが世間の常識的な生き方です。「そういう道を歩めない失敗者たち」が出家するんだという考えなんですね、世間にあるのは。

悲運の子の出家

スマナサーラ　七歳の子どもが出家したエピソードに対しては、二つの注釈書があるんです。もしかすると作り話かもしれません。出家した理由が二つあります。どちらを採択すべきかは、よくわからないんです。

一つのエピソードは、その子は貧しい家に生まれてね。いや、生まれてもいないんですね。母親が妊娠中に、難産で仮死状態になってしまった。「死んでしまった」とまわりの人が火葬場に連れていって母親を燃やそうとします。そこにいた神のだれかが「燃やすなんてとんでもないことだ。このお腹の中に悟りに達する人がいるんだから！」と頑張って燃やさせません。燃やそうとすると、すごい大雨が降る。インドでは火葬の際に、薪をくべてその上に遺体を置いて焼きますから、雨が降れば遺体は燃やせません。

そういうことでみんなが帰ってから、親類がお腹の子を取り上げます。そして面倒を見てあげて、墓の見張り番の人のところへ子どもを連れていくんですね。「この子を育ててくれませんか」と。で、見張り番も「かわいい子だ」と引き取って育てることになる。そこで親類の仕事は終わったということになるんですね。

やがてその子が七歳になったときにお釈迦様がお墓に来て説法するのです。それを聞いてその子は真理を理解する。真理にびっくりして「私は出家します」とお釈迦様に言うのです。それで連れて行った。これが一つ目のエピソードです。

虐待された子の出家

スマナサーラ　もう一つのエピソードは、この子が生まれて四ヵ月のときに商人で金持ちの父親が死ぬんです。そうすると財産がぜんぶなくなりますから、奥さん、つまりこの子のお母さんが、父親の弟とまた結婚するんですね。子どもにとってはおじさんです。しかし、その弟にも、もとから奥さんがいて子どもがいるんですね。そして子ども同士で遊びながら育つのだけど、七歳のときに喧嘩してけがをさせる。再婚した父親は、実の子でもないのに面倒をみているのになんだと腹を立てて、お墓に連れて行って遺体に縛りつけておくんです。

むかしは埋葬といっても遺体を捨てる場合もあれば、火葬して埋葬する場合もあったりで、いろいろでした。捨ててある遺体に縛りつけられたら、夜、キツネやオオカミが来ますから、食べられて死ぬことになるんです。

実際、夜になって獣たちが来るんですけど、祇園精舎にいるお釈迦様が「あ、この子はすごい子ですよ。悟りに達します」とわかって、神通力でひもをほどいて自分のお寺にさっと連れて行くのですね。子どもから見れば、お釈迦様が突然現れてさっとひもをほどいてくれて「さあ一緒に行こう」と言われて、あっという間にお寺に行ったぐらいのことになるんですね。それはぜんぶ神通で、本当はお釈迦様は行かなかったという話です。

阿羅漢果に達する子

スマナサーラ　その子はすごいショックを受けていますからね。お釈迦様は慰めていろいろ話します。それでその子は一番目の悟りのステージ「預流果《よるか》」に達するんです。

一方、母親は家に帰ってきたら自分の子どもがいない。探しても見つからない。それで旦那に聞くと「知らない」と言うんですね。どうしようもなくなって、お釈迦様なら過去・現在・未来をすべて知っていらっしゃるから、お釈迦様に聞いてみればいいと考えて、朝、お釈迦様のところに行くんです。お釈迦様は、子どもをお母さんに見えないようにして出ていきます。お母さんが「私の子どもがいなくなりました。いまどこにいるか知りたいんです」と言ったら、お釈迦様が「まあそれは措いておいて。あなた、子どものことでひどく悩んでいるでしょう? 悲しがっているでしょう。執着や愛着というものはそんなもんです。くたくたになるまで人をいじめますよ。だから心のやすらぎを得られませんよ」とおっしゃる。

そんなふうに、「心を穏やかにしなければいけない」という説法をいろいろ聞いて、母親もまた悟りの第一ステージに達するんです。お母さんにお釈迦様が言ってる話を、子どもは陰で聞いています。聞いていたら、子供は阿羅漢果《あらかんか》に達するんです。悟りの最終ステージです。

阿羅漢果に達したら、もう家にはもどれません。もう煩悩がないんだから「もどらない」ではなくて「もどれない」のです。お釈迦様が「この子はあなたの子どもですか」と、そのときはじめて引き合わせます。母親が「はいそうです。では一緒に家にもどりましょう」と言っても、子どもは「いいえ、私は出家します。お釈迦様とともに生きます」と言う。阿羅漢果に達してますからね。母親も第一ステージに達してますから「阿羅漢果に達することほど良いことはない」とわかっていて、「ああ、いいですよ」と承諾して出家する。それが二つ目のエピソードです。

二つとも、注釈書は「一般的なことからはみだすひどいことに遭った、不幸なことに遭ったから出家したんだ」という異常現象をつくってるんですね。なぜかというと、世間がそう思っているからです。

出家に値する理由

スマナサーラ　私が怒っているのは、なんで世間の無責任な無知な話に乗らなくちゃいけないのか、ということなんです。私に対しても、会った人々は「なぜ、あなたは一三歳で出家したんですか？　なにかあったんですか？」と、やっぱり聞きたくなるんですよ。「なにもなかったよ」と言うんですけど、そうすると驚かれます。「ただなんとなく出家しました」と言うと、「そんなことはあるはずがない」という感じです。

なにかないとだめなんですね、母親が死んだとか、父親に殴られて捨てられたとか、家が火事になって食べるものがなくなって乞食をしていたとかね。なにかないと出家するのはへんなんですよ。

夢枕　そういう感覚はありますよね。私もたとえば、自分の子どもが「出家したい」とある日、言ったら「なんかあったのか？」とまず聞いてしまいます。

スマナサーラ　理由は私も聞きますけど、「出家したいその理由は？」と聞くだけですね。納得する理由がない場合は出家は難しい、耐えられそうもない、と言います。

もし、「真面目に修行したいんだ」と言われたら、私は納得しません。いままでみんな「真面目に修行する」という約束をして、守った人は一人もいませんからね。どういう理由なら納得するかというと、その人が真理に対してなにか考えることがあって「やっぱり挑戦してみたい」と言うならね、「いいよ」と言うんだけど。

ブッダが出家した理由

スマナサーラ　「なにか不幸なできごとがあったから出家する」というのが、お釈迦様の時代のインドでも一般常識だったことは確かです。「お釈迦様がなぜ出家したのか」ということについては、日本でもいろいろ研究する先生方はね、理由として「だらしない言い訳」を強引に探すんですね。学問というのは「データがあったらしゃべる。なかったら黙る」ということでなければいけないのですけどね。

よく言われるのは「シッダールタ王子が生まれてすぐに母親が死んでしまった。だから母のいない悲しみが常にあったでしょう」ということです。そうやってあれやこれやと理由をつけて、お釈迦様が「在家の人としてはうまくいかなかったから出家した」ということにしたいんですね。それは学者らしからぬ非学問的な態度です。

実際、お釈迦様には「問題」なんて一つもなかったんです。出家した不幸な理由とか、なにもないんです。母親が生後一週間で亡くなったんです。伝承では五日目とありますが。それくらいの時期の赤ちゃんが、だれが母親だか知っているでしょうか?

作家が小説でも書くならイメージの世界ですからなにも言えません。先生のようにお釈迦様を作品的に書きたくて書く場合は、読者の気持ちを引き出すためにあらゆる手を加えて工夫しても、それはあくまでもフィクションの作品です。実際のお釈迦様とは別ものでしょう。芸術作品だから、作家の能力があるかどうかが大事なポイントなのです。しかし学者はちがうでしょう。

育ての母を見送るブッダ

スマナサーラ　実母のマーヤー夫人が亡くなったあとはゴータミー阿羅漢、つまりマーヤー夫人の妹がおっぱいをあげて育てたんですね。スッドーダナ王はその二人ともと結婚しましたから。

ゴータミー阿羅漢は歳をとって亡くなるとき、お釈迦様に挨拶に来たんです。涅槃に入るときです。「じゃあ私は歳ですから、これから息をとめます」と言ったのですね。そのときお釈迦様が「私は女に出家を認めたことで世間からさんざん批判を受けましたよ。だからあなた、一つ、みんなになにか言ったらどうですか」とおっしゃるんです。

すると、ゴータミー阿羅漢はなにを言うべきかわかったんですね。「女でもどこまででも精神的に成長できるのだ、ということを見せなくちゃいけない」と。ゴータミー阿羅漢はその場でいろんな神通を見せて、説法をして、自分が悟りに達して、最終解脱まで達しているということを示します。「私はここまでできました。ですから、修行するなら男も、女もないんだ」ということをみんなに説法して「私は人生を終わりにします」ということで出ていくんです。

お釈迦様は、だれのことも見送りはしなかったんですが、そのときだけは比丘と一緒に見送るんですよ。「一緒に見送りましょう。あれは私の母親ですよ」と言ってね。お釈迦様は見送りから帰ってきて、ゴータミー阿羅漢のことを話されます。「このゴータミーは、私に、実の母がいないということを、瞬間たりとも思わせたことはありません」と。自分が生んだ子どもはお釈迦様にとっての甥としていましたが、「甥より先に私におっぱいを飲ませた。あれほど愛情いっぱいで育てることはたいへんなことです」と褒めたたえるんです。

それはフィクションではなく、お釈迦様の語った言葉として文献になっています。そういうデータがあるのに、それにも関わらず「ブッダには出家の理由がなにかあっただろう」と、学者がネガティブな言い訳を探すんです。

贅沢三昧のなかで

スマナサーラ　先ほど先生がおっしゃったとおりに、お釈迦様は、むちゃくちゃ贅沢なんです。

結婚だって一六歳でしています。男性にとっていちばん異性に興味をもつ歳でしょう。奥さんにしたのは、自分にとっていちばんのお気に入り。まあ最初は「ただのガキに娘はやれません」と言われて「ただのガキじゃないよ」と、ちょこちょこっと能力を見せることになりましたけど、なんのことなく結婚できました。自分が戦ってもらった奥さんです。子どもが生まれたのはかなりあとでしたけど、生まれる前にも友達同士のように、かなり楽しく結婚生活を送っていました。

だから、これという問題はなにもなく、贅沢三昧でいたからこそ起きた問題があったんですよ。「生きるってなんなのか」という疑問です。贅沢って、面白くないんですよ。

夢枕　だと思いますよ。贅沢はしちゃうともうぜんぶ見えちゃいますから。贅沢して努力もなにもしなくて、ぜんぶ叶っちゃうんですから、もう、先が見えちゃってつまらない。

スマナサーラ　そう、すごくつまらないと思いますよ。だからお釈迦様は言うんですよ。「自分には雨風に当たらないように、二四時間、だれかが傘をさしていたんだ」と。いつでも外に出ると、家来の人がさっと傘を持ってさしてくれるんです。

「家来の人々はお釈迦様がゲームをやったりするときはたいへんだったでしょうね」なんて、私は冗談で考えますよ。サッカーでもやった日には、家来の人は追いかけなくちゃいけないんだからね（笑）。

それだけじゃなくて、音楽を聴きたい、踊りが見たいといえば、いつでもささっとみんな用意して、二四時間、待っているんです。

食べたご飯は米一粒一粒、壊れていない、色が変わっていない米を料理人が細心の注意で選んで炊いてくれます。

だから、面白くなかったと思いますよ。そして「それでも人は歳をとる」「病気になるときはなる」。贅沢っていったいなんなのか？　贅沢する意味はなんなのか？　と、思ったと思いますよ。

シッダールタ王子の責任

スマナサーラ　お釈迦様の出家について、私の推測かもしれませんが、まとめます。お釈迦様は、一般人の生き方を見て考えたんですよ。なに一つ欠けたところなく「これ」という文句もなく生きていても「生きることはぜんぜん変わらないんだ」とお感じになった。貧困な人であろうが、ホームレスであろうが、不可触民であろうが、シッダールタ王子みたいな究極の贅沢のトップであろうが、「同じじゃないか」ということですね。

その場合、お金も知識もあり、究極の勉強もして能力もあるシッダールタ王子が、なにかしなくちゃだめなんですよ。

シッダールタ王子もホームレスと同じく老いて死ぬ。死ぬことは死にますけど、生きているうちにいろいろできる立場にあるんだから、王子には責任があるんですよ。知識人や科学者には、みんなちょこっと能力があることで人類に対する責任が生じてくるんです。

つまり、お釈迦様の出家は「なにか見つけてやるぞ！」ということだったのです。「道を探します」「生きるとはなにかと探しますよ」ということ。それまで極限に贅沢でしたから、はじめは極限に苦行をやってみるんですね。で、「ああ、こういう苦行は極限の贅沢と同じだ」と知る。「別な道があるんだ」とわかるんです。

第三章

最善の道を行く

善の道を模索したブッダ

スマナサーラ　お釈迦様が悟る以前、菩薩だった時代にいつでもずっと「kiṃ kusalagavesi キンクサラガヴェーシ」、「善たるものはなんなのかと、私は探してたんだ」とおっしゃっていたんですね。善たるものっていうのは、「人間の道」です。

この言葉は、「人間は悪業ではなくて、善い行為をするべき」というふうにとらえると、道徳的な軽い話に聞こえるかもしれません。しかし、そうではなくて、「善たるものはなんなのか」というのは、つまり「人間が選ぶべき道はなんなのか」ということです。真理を探究する深い言葉なのです。

だからお釈迦様が「私はこういう道で人生を生きてみますよ」と言った以上は、自分にとって「善の道」でなくてはだめなんですよ。だから「善たる道」を探し求めて家を出ていろんな人に会っては話す、会っては話す、人生哲学は学びに学ぶ。

父親のスッドーダナ王は、「自分が探すものを見つけたら、またもどるでしょう」と、悠長に考えていたんですね。次の王になる人としての資格はすべて取っていたので問題はなかったですし。しかし、ちがうんです。人生をかけて「善たる道」を探すんですよ。それがブッダと仏教の出家です。世間の出家とは、ちがいます。冗談でとってはいけません。

自分の道を探す

スマナサーラ 私に「どうして出家したんですか?」と聞く人に対して、私は本当は「そんなのわかりません」と言いたいんですけど、私にしてもただ、なにか探したかったんです。

私にも先が見えたんですよ。学校で勉強している時代に、「ああ、これはこっちへ行くとこうなるんだ」とわかります。まわりには、おじさんたちや教授たちがいます。エンジニアやお医者さんもいます。ですから、自分がその職業を選んだら、同じようになるとわかります。

ときどき息子たちは父親に「おやじみたいにはなりたくない」と言うのですね。父親は朝早く会社に行って、遅くに帰ってきて、ビールを一杯飲んで風呂に入って寝る。「なんてつまらない人生だろう」と思っていますけど、結局、自分だってそうなるんです。なりたくなかった父親よりもひどくなるんです。

私が言いたいのは、「だったら自分の道を探せ!」ということです。探してないでしょ?「おやじみたいになりたくない」と言ったって、学校で勉強しない。そのかわりにギターばっかりいじったりして。それから食えなくなって仕事もなくて「お父さん、お金ちょうだい」という話になる。それではおやじよりひどいでしょう。

そうじゃなくて、「人間にはもっといろんな道があるんだよ」と、言いたいんです。私がどうして出家したかというと、それなんです。子どものころは、学校でちょっと数学で良い点数を取ったこともありました。そんなときは「おまえすごいね。研究者になったら？　医者になったら？」なんて言われましたけど「んー、そうなったって、だいたい先は見えるよな……」という気持ちがありましたしね。

一方で母親やおばさんたちは「なにをやっても人は死ぬんだからね」、という一言を言うんですよ。あちらの言葉で「死ぬときはだれでも同じだ。いくらお金をたくさん儲けたって、死んだら誰でも二メートルの棺に入るだけだ」と、ね。

人間はなにかを探すもの

スマナサーラ　人間っていうのは、なにか探しているんですよ。先生は釣りが好きでしょう？　それは探す気持ちですよ。なにを探しているかはわからないけど、なにか探している。子どもっていつもなにか探しているんだからね。病みつきになってやってるというのは、大人になっても「探している」性格がそのまんまということですね。なにか探してるということです。だれにでもその心は同じようにありますよ。

川で、魚がぜんぜん見えないところで「なにかひっかかってくれるかな」とわくわくする。ひっかかったら楽しいんだけど、もし次から次にどんどんひっかかると別に楽しくない。だって探すものは「珍しくなきゃだめ」なんですから。

夢枕　さっき言った贅沢な状態と同じになっちゃいますからね。魚がどんどん釣れたりしちゃうと、かえって面白くない。

スマナサーラ　砂利を拾うといったときでもね、ただ拾ったんでは面白くないんですよ。「砂利の中でもきれいな丸くなった砂利を拾いましょう」ということになると、とたんに面白くなっちゃうんです。砂利は丸くないから、丸いのをわざわざ探して見つかったら最高に楽しい。ただの砂利一個ですけど。

出家とは自由になること

スマナサーラ　お釈迦様は「善たるものはなにか」と、苦しみを、生き方をどうすればいいのかという偉大なることを探したんですね。それは家でできることじゃないんです。家にいて、決まりきったしきたりの中にいて、決まったレールの上で動いたって最後はもう決まってるんだから。だから、大胆に自由を目指して出ていったんです。

そのように仏教の出家とはいつでも自由な世界なのです。「abbhokāso pabbajjā アッボーカーソーパッバッジャー」。「アッボーカーソー」というのは開放された道である、オープンスペース、オープンな世界であるということなんです。「パッバッジャー」とは出家という意味です。

夢枕　空海は、出家をするときに「自分が出家をしようと思ったそのときにその人は出家をしているんだ」という考え方をもっていたんだと思います。「思ったときにそれは出家なんだ。いつでも出家はできる、どんな状況でもどんな場所でも」と。

スマナサーラ　私は別の宗派の仏教だから、空海を批判しても問題はないと思いますけど、空海が言っているほど出家は甘いものじゃありませんよ。思っただけで出家になるのではありません。頭を剃って服装を変えただけで出家といえるものでもありません。真の出家とは心の出家なんですよ。たいへんな道なんですよ。出家したい意思があって、その意思が実行に移るまで育ててそれから形の出家をして、形の出家が本物の出家になるまで精神的に進む長い道なのです。

出家っていうのは「いかに自由になるのか」ということなんです。いかになにかに引っかからないで生きられるかということ。たとえば日本でもスリランカでもお坊さんがたくさん出家しますけど、それは本当に出家なのか、というと、出家じゃない場合がけっこうあります。概念の束縛、習慣の束縛、文化の束縛、そういうものをぜんぶぬけてぬけていって、それでもしっかりした文化人として生活していく。それが本当の出家だし、自由ということです。

なにものにも執着しない

スマナサーラ　そして、概念、習慣、文化などなんでも打ち破ればいいというわけじゃありません。なんでもかんでも壊せばいいなら簡単です。それではだらしない野蛮人になるだけですからね。「自由」というのは、それとはちがいます。

だから出家はたいへんですよ。私のように袈裟をまとっても、それだけでは本当の完成した出家じゃないんですよ。

たとえばわれわれは五年間、師匠のそばにいなくてはいけない。そのときは師匠が言うことはぜんぶやらなくてはいけないのです。自由はない。そのときいくらか社会人としての出家を教えてあげるんです。社会人としてはだれとも関わりをもたないで、関係をもつ方法。たとえば、美味しいご飯をもらったら、「これはありがたい」と思っていただきますけど、それにまるっきり執着しないでいる方法とかね。「こんなからくりを知ると執着しないでいられますよ」ということを教えたりします。

人が一生懸命、ご飯をつくってくれたら、その人が喜びを感じるようにちゃんと感謝をして祝福はしますけど、そのご飯にも、その人にも執着してはならないのです。で、本人は「お坊さん、喜んでくれた！」とうれしそうに帰って行きますけど、こちらは、心に束縛、執着が生まれないように心を戒めなくてはならないのです。さまざまな人と付き合わなくてはいけないのが出家人生です。しかし心穏やかに保つことが出家の修行です。心の修行は苦行ではないのですけど、難しいものです。

アイデンティティを捨てる

スマナサーラ　私の心にはなにかの概念、しきたり、習慣が引っかかっていて、束縛されていて自由がない。たとえば私は西洋的な思想や現代思想をあれこれ勉強しちゃったから、もう「私はこれは知ってるぞ！」という荷物を持っていることになります。だから私は出家としてその荷物を捨てなくちゃいけない。

伝統的なお坊さんの学校で勉強するお坊さんは、サンスクリット語、パーリ語などを勉強して、言語学能力を得たりする。そうすると言語学者になってしまう。出家はその「言語学者」を捨てなくてはいけないのです。

在家世界はちがいます。社会では社長、課長、部長などがいる。科学者、言語学者、文学者、作家などがいる。医者、弁護士がいる。このように学んだものでアイデンティティをつくって生活するのは、社会の生き方です。

学ぶことは悪くないのだけど、出家はそのアイデンティティを捨てなくてはいけないのです。お釈迦様の時代、ある医者が出家したのです。その比丘は病気になった人を見ると治療法を教えてあげる。一般人にとっては、出家してもその人は医者だったのです。それでお釈迦様は出家は医療行為をしてはいけないとやめさせたのです。その比丘は出家したときに医者を捨てなかったのです。家と財産を捨てて出家するのは形の出家です。それから教授、医者、弁護士、思想家、哲学者、社長、課長、部長なども捨てなくてはいけないのです。それから自我も捨てたところで、出家が完了するのです。それは解脱という境地です。

捨てるものが、なにもなくなる

夢枕　「出家する」というのは悟りを開くために仏教の道に入っていくことではなく、悟りを開いたときが本当の出家ということですか?

スマナサーラ　それこそが名実ともに「出家」なんです。だからさきほどの子どものエピソードで説明したように最終的に阿羅漢になったところで、出家は完了していたのです。ですからお母さんが「家に帰ろう」と言っても、もう家に帰ることは不可能なのです。それがもう「出家」なんです。もう、一切束縛はない。だから在家にもどれない。

夢枕 出家という意味は、日本だと「家を出る」と書くんですが、もともとの意味は家を出るという意味はあるんですか？　ないんですか？

スマナサーラ あります。だから出家っていうのは、まず「自由になりたい」という意志が必要なんですね。それから順番に捨てていかなくちゃいけない。まず自分の家を捨てる。家や家族をぜんぶ捨てる。捨てて自分一人になる。それから師匠に愛着があったらそれも捨てなくちゃならない。捨てる方法は、師匠と同等になるくらい学ぶ。「師匠に依存しなくてもけっこう。はい、もう出ていきます」ということになるんです。

それでも心の中であらゆる欲やら怒りやら嫉妬やらありますから、それを仏教はクリアにしましょうというんですが、これらは概念に対する執着なんですね。「『私』がいるんだぞ」という執着。それを捨てる。それで捨てるものが、なにもなくなってしまうんです。もう、自分も捨ててます。それでもう最終解脱ともいうし、出家は完了ということになるんです。

ふつうは、われわれ、まだ出家は完了していません。「未完成」。修行というのは完成を目指して間違いながらでも目的を目指して精進して進むことです。

家を捨てる。親を捨てる。名前も捨てる。いきなりそう言うと暗く聞こえますけどね。私も名前までは捨てています。

自由に達する道

スマナサーラ　そういうことで、仏教の世界は単純明快じゃないんです。俗世間の哲学を超越した真理の世界というかね。仏教のような出家の道は、世界でもほかにはありません。

たとえばヒンドゥー教では「梵我一如」といいます。ブラフマン、神様と一緒になること、一体となることを意味します。あれは出家ではないんです。だれかに合体したいんだからね。キリスト教の神父様方もね、結婚もしないで頑張ってますけど、最後の審判でみな復活して神の王国で永遠に住むことを期待しているだろうと思います。修行の形をとってもなにかを取りたい、得たいと思っているのです。私はかわいそうだと思いますよ。在家の方々もとうぜんながら、なにかを得るために仕事をしているのです。得る道とは苦しみそのものなのです。仏教の出家とはすべてを捨てて自由に達する道です。

これが「お釈迦様は、なぜ出家したのか？」という質問の答えですね。

夢枕　私自身のことでいえば、長老の言う意味での出家はできませんね。いまいる場所でいまの仕事を続けていくなかで、仏教的な考え方を常に身近に置いておくということが、どうにかできるところでしょう。長老のような、仏教の実践者がいるということがわかっただけで、今回の体験は私にとってたいへん貴重なものになりました。きょうはありがとうございました。

二〇〇九年四月、都内にて。

あとがき

なんとも刺激的で、楽しい体験であった。

地球という星に生じた人類が、文化として必然的に持つにいたった宗教は数《あまた》あるが、そのなかでも仏教というのが、ぼくにとっては一番肌に合うというのは、本書の中で語った通りである。だから、ぼくの書く小説の中には、仏教や、仏教系の人物が多く登場する。密教の空海や、河口慧海、仏教の創始者であるブッダその人が主人公である物語まである。かといって、ぼくは、ぼくにとっておもしろそうなところだけを拾い食いしているだけの人間であり、仏教についての深い知識や新しい考え方を持っているわけではない。それなのにどうして、かような本のための対談を引き受けたのかというと、上座仏教のスマナサーラ長老の話を直接聞くことができるからであり、好奇心からである。

長老の話の中でも興味深かったのは、「般若心経」に対する考え方である。長老によれば、「般若心経」の中で、唯一正しいのは「色即是空」の部分であり、〝色即是空〟であるからといって〝空即是色〟であるとは限らないというのである。よくできた〝文学〟ではあるかもしれないが、経典としては、見るべきものは「色即是空」のみであるという。ああ、なるほど、このような見方があるのかとうなずいた。新鮮なショックである。

たとえ、どれほど有名な経典であれ、ある国家や民族が認めているものであれ、きちんと批判したり、批評してよいのだというあたりまえのことに気づかされて、仏教に対するぼくの視野は、これで少しは広がったのではないか。

ぼく自身は、煩悩多く、解脱や悟りからはほど遠い人間である。滅びゆくものや死にゆくものを眼の前にして、おろおろとし、泣いたりじたばたしたりして、死ぬまで生きてゆくことになるであろう。

物語作家としては、それでよいと思っている。

二〇一〇年五月五日　馬瀬村「酔魚亭」にて——

夢枕獏

あとがき

「仏教？　仏教ならよく知っている。たまに面白いことも、よく理解できないことも言ってはいるが、われわれ現代人にとっては役に立たない教えです。しかし人は死ぬから葬式でお経をあげてくれる人がいなかったら困ります」。これは仏教に対する一般的な感想ではないかと思います。原始的な信仰に、迷信に固まっているインド人も、仏教はよくわかっているつもりでいるのです。八万四千人以上いる神々の一人だと思っているのです。西洋の方々も仏教ならよくわかっているという態度をとるのです。仏教概論の小冊子でも読んだことがあるのでしょう。勝ち負けを簡単に決められるじゃんけんの遊びみたいに、仏教ならだれにでもわかるものだと思われているので、私は仏教とはかわいそうな教えだと思っているのです。仏教は本当に単純明快な教えでしょうか。

仏教は単純明快だと感じる理由は、教えの中身が単純だからではなく、お釈迦さまの教え方が見事に完璧だったからです。お釈迦さまはご自分のことを「一切の生命より優れている師匠だ」と自認されたのです。それはカラ自慢ではないのです。内容が難しくても、お釈迦様のあの語り方で理解してしまうのです。

それでも私たちは、われわれの主観で、われわれの知識レベルでブッダとその教えを把握して理解して知り尽くそうとすると、乗り越えられない壁にぶつかるのです。固定概念、先入観、世間の評価などのバイアスをなくして理性を駆使して仏教を学ぶと、お釈迦さまが人類のかならず知るべき、たいへんな真理を語ったということを発見します。ブッダの語られた真理は時代によって変わるものではないのです。科学の発展によって編集する必要もないのです。科学が進んで新しい事実を発見すると、仏教とちがった真理ではなく、仏教に似ている真理になるのです。それが仏教と他宗教のちがいでもあります。

夢枕先生との対談で、そのようないくつかのポイントが話題になりました。仏教に深い興味をお持ちでしたので、だれでも疑問に思うポイントをわかりやすく話し合うことができたと思います。自我の話になったところで先生から私もたくさん新しいアイデアを教えていただきました。忍耐強く私に付き合ってくださったことに深く感謝いたします。

アルボムッレ・スマナサーラ

アルボムッレ・スマナサーラ（Alubomulle Sumanasara）

スリランカ上座仏教（テーラワーダ仏教）長老。一九四五年四月、スリランカ生まれ。一三歳で出家得度。国立ケラニヤ大学で仏教哲学の教鞭をとる。一九八〇年に来日。駒澤大学大学院博士課程を経て、現在は（宗）日本テーラワーダ仏教協会で初期仏教の伝道と瞑想指導に従事し、ブッダの根本の教えを説きつづけている。朝日カルチャーセンター（東京）の講師を務めるほか、NHK教育テレビ「こころの時代」などにも出演。『自分を変える気づきの瞑想法』『ブッダの実践心理学―アビダンマ講義シリーズ』（藤本晃氏との共著）『怒らないこと』（以上、サンガ）、『悩まない力』（主婦と生活社）、『心がスーッとなるブッダの言葉』（成美堂出版）、『ブッダが教えた本当のやさしさ』（宝島社）など著書多数。

日本テーラワーダ仏教協会 http://www.j-theravada.net/

夢枕 獏（ゆめまくら・ばく）

一九五一年、神奈川県生まれ。東海大学文学部卒。一九七七年「奇想天外」誌に掲載された「カエルの死」でデビュー。以降多くのヒットシリーズを生みだし、実力派人気作家としての地歩を確立した。一九八九年『上弦の月を喰べる獅子』で第一〇回日本SF大賞、一九九八年『神々の山嶺』で第一一回紫田錬三郎賞、二〇〇一年岡野玲子作画による漫画版『陰陽師』で第五回手塚治虫文化賞マンガ大賞、谷口ジロー作画による漫画版『神々の山嶺』で第五回文化庁メディア芸術祭優秀賞をそれぞれ受賞。山岳、冒険、ミステリー、幻想小説などの分野で広範な読者を魅了しつづけている。本年はSF長編『天海の秘宝』の刊行。「キマイラ」「新・魔獣狩り」「大帝の剣」といった人気シリーズの最新巻が刊行されるなど、旺盛な執筆がつづく。

http://www.yumemakurabaku.com/

幻想を超えて

二〇一〇年六月二十五日　第一刷発行

著　者　アルボムッレ・スマナサーラ
　　　　夢枕　獏
発行者　島影　透
発行所　株式会社サンガ
　　　　〒一〇一-〇〇五二
　　　　東京都千代田区神田小川町三-二八
　　　　電　話　〇三（六二七三）二一八一
　　　　FAX　〇三（六二七三）二一八一
　　　　ホームページ　http://www.samgha.co.jp/
　　　　郵便振替　〇二二三〇-〇-四九八八五（株）サンガ

印刷所　倉敷印刷株式会社

Printed and Bounded in Japan
ISBN978-4-904507-61-2 C0015